Guter Rat
für die
Küche
von heute

Franziska von Au

Guter Rat
für die
Küche
von heute

Die besten Tricks und Kniffe

LUDWIG

KÜCHE

ÜBER DIE VORRATSHALTUNG

Um abwechslungsreich und gesund kochen zu können, braucht man eine gewisse Grundausstattung an Lebensmitteln im Haushalt. Eine gute Vorratshaltung ist deshalb sinnvoll: So haben Sie immer ausreichend gesunde Lebensmittel für eine ausgewogene Ernährung verfügbar.

Sie sollten dabei unbedingt wissen, welche Methoden sich eignen, um die einzelnen Lebensmittel haltbar zu machen.

AUFTAUEN VON GEFRIERGUT

❋ Brot
Brotscheiben lassen sich problemlos bei Raumtemperatur auftauen. Größere Mengen an Brot, Brötchen oder trockenem Gebäck tauen Sie am besten im vorgeheizten Backofen bei 170 bis 190 °C (Gas Stufe 2 bis 3) auf. Brot und trockenes Gebäck benötigen etwa 40 Minuten, um im Ofen aufzutauen.

❋ Brötchen
Brauchen Sie nur wenige Brötchen, können Sie diese statt im Backofen auch auf dem Brötchenaufsatz des Toasters auftauen. Das spart nicht nur Zeit, sondern vor allem auch Energie. Im Ofen brauchen Brötchen etwa 7 Minuten, auf dem Toaster 1 bis 2 Minuten.

❋ Butter und Sahne
Beides lassen Sie am besten im Kühlschrank auftauen. Achtung

Knusperbrötchen:
Besprühen Sie die Brötchen während des Auftauens im Backofen mit etwas Wasser, damit sie besonders knusprig werden.

bei gefrorener Sahne: Sie lässt sich besser schlagen, wenn sie noch nicht ganz flüssig ist.

❋ Fertiggerichte
Fertig zubereitete Speisen können in der Regel im Mikrowellengerät aufgetaut und erwärmt werden. Einige Speisen verlieren dabei jedoch etwas an Geschmack.

❋ Fisch
Kleinere Fischportionen im Kühlschrank langsam antauen lassen und anschließend braten. Ganze Fische vor dem Zubereiten voll-

Praktisch: Eingefrorene, noch nicht gegarte Frikadellen einfach in die heiße Pfanne geben und braten.

So lange halten sich Lebensmittel im Gefrierschrank bei −18 °C frisch

Brot	2 Monate
Butter	6 Monate
Eis	2 Monate
Fisch	3 Monate
Fleisch	3 Monate
Geflügel	6 Monate
Gemüse, blanchiert	10 Monate
Hackfleisch	3 Monate
Käse	4 Monate
Obst	8 Monate

ständig im Kühlschrank auftauen. Bei Raumtemperatur oder in der Mikrowelle geht es zwar schneller, der Fisch schrumpft jedoch dabei und sieht dadurch unappetitlich aus.

✳ Fleisch

Vermeiden Sie es, tiefgefrorenes Fleisch bei Raumtemperatur auftauen zu lassen. Die Fleischränder werden so schneller weich, und es fließt Saft heraus – das Fleisch wird trocken und verliert an Geschmack. Das Fleisch am besten im Kühlschrank auftauen. Das dauert je nach Größe und Dicke der Stücke bis zu 12 Stunden. Wesentlich schneller geht es im Mikrowellengerät. Wenn Sie Fleisch auf dem Elektrogrill zubereiten möchten, können Sie ganz auf das Auftauen verzichten.

✳ Gemüse

Tiefgefrorenes Gemüse wird immer unaufgetaut zubereitet. Dabei sparen Sie sogar noch Zeit: Die Garzeit ist nämlich kürzer als bei frischem Gemüse.

✳ Käse

Tiefgefrorenen Käse am besten langsam im Kühlschrank auftauen lassen.

✳ Kräuter

Nehmen Sie die Kräuter erst kurz vor der Verwendung aus dem Tiefkühlgerät, und geben Sie sie unaufgetaut zum Gericht.

✳ Obst

Möchten Sie das Obst roh essen, tauen Sie es in einem geschlossenen Gefäß im Kühlschrank auf. Kompott können Sie dagegen direkt aus den gefrorenen Früchten zubereiten. Dafür geben Sie einfach das gefrorene Obst in einen Topf, lassen es einige Minuten aufkochen und danach andicken.

✳ Teig

Ungebackenen eingefrorenen Mürbe- oder Hefeteig lassen Sie bei Zimmertemperatur auftauen.

✳ Toastbrot

Gefrorene Toastscheiben geben Sie stets unaufgetaut in den Toaster und rösten sie.

Viele Lebensmittel lassen sich auf Vorrat lagern, indem man sie einfriert. Einige können Sie gleich in gefrorenem Zustand weiterverarbeiten, andere müssen langsam aufgetaut werden.

Wichtig!

Tiefgefrorene Torten niemals bei Zimmertemperatur auftauen! Tauen Sie sie stattdessen langsam im Kühlschrank auf: So bleiben sie appetitlich und frisch.

EINFRIERGEFÄSSE

✳ Beschriftung

Vergessen Sie nicht, die einzelnen Packungen zu beschriften, bevor Sie sie ins Tiefkühlgerät legen. Das Einfrierdatum und der Inhalt des Paketes sollten unbedingt auf den ersten Blick erkennbar sein. Die Aufschrift der einzelnen Verpackungen sollte außerdem das voraussichtliche Verfallsdatum enthalten.

✳ Farbsystem

Ordnen Sie den einzelnen Lebensmittelgruppen, z. B. Fleisch, Fisch, Gemüse, Obst, Fertiggerichten, Getränken und Speiseeis, jeweils eine Farbe zu, und notieren Sie diese. In dieser Farbe beschriften Sie das Gefriergut.

✳ Alufolie

Wenn Sie Lebensmittel vor dem Einfrieren einwickeln möchten, am besten feste Alufolie verwenden.

✳ Babygläschen

Im Gegensatz zu normalen Glasbehältern, die im Tiefkühlgerät platzen, eignen sich die Gläschen von Babynahrung als Tiefkühlbehältnis. Möchten Sie selbst Babynahrung herstellen und einfrieren, können Sie den Babybrei einfach vorkochen, einfrieren und bei Bedarf auftauen und verwenden. Beim Einfüllen in die Gläschen oben etwas Luft lassen, da sich sonst die Deckel durch das Tiefkühlen lösen. Die gefüllten Gläschen am besten zuerst im Kühlschrank abkühlen lassen und dann ins Tiefkühlgerät stellen. Zum Erwärmen können Sie die Gläschen direkt aus dem Tiefkühlgerät in die Mikrowelle stellen.

✳ Einfüllen in Dosen

Kunststoffdosen nie bis zum Rand mit Sauce, Suppe oder anderen flüssigen Lebensmitteln füllen. Flüssigkeiten dehnen sich während des Einfrierens aus, wodurch sich der Deckel vom Gefäß lösen kann. Das Gefriergut kommt dann direkt mit der Kälte in Berührung und trocknet aus. Außerdem wird das Gefriergerät verunreinigt.

✳ Gefrierbeutel

Zum Einfrieren ausschließlich spezielle Gefrierbeutel, keine anderen Kunststofftüten nehmen. Gefrierbeutel sind lebensmittelecht und reißfest und umschließen das Gefriergut luftdicht.

In Gefrierbeuteln verpackte Lebensmittel vor dem Einfrieren luftdicht einschließen.

✳ Gefrierboxen

Nur einwandfreie, unbeschädigte Gefrierboxen verwenden. Der Deckel der Box muss fest schließen.

✳ Gefrierbrand

Hat das Gefriergut hässliche Flecken, deutet das darauf hin, dass im Gefriergefäß kein Vakuum besteht. Die enthaltene Luft führt zum Austrocknen der Lebensmittel – die gefürchteten Flecken entstehen. Besonders häufig tritt Gefrierbrand bei Fleisch, Fisch und Geflügel auf. Er lässt sich vermeiden, indem vor dem Verschließen die Luft vollständig abgezogen wird. Beim Einfrieren in Beuteln kann sie beispielsweise einfach herausgestrichen werden.

✳ Gefriertemperatur

Bevor Sie größere Mengen von Lebensmitteln einfrieren, stellen Sie die Temperatur des Gefriergerätes am besten auf die höchste Stufe (Schnellgefrierstufe) ein. Auch in der Gebrauchsanweisung des Geräteherstellers finden Sie Informationen zur passenden Temperatureinstellung.

✳ Saucen

Wer fertige Gerichte einfrieren möchte, sollte Saucen nicht mit Speisestärke, sondern mit Vollkornmehl binden. Dadurch bilden sich weniger Klümpchen.

✳ Würzen

Speisen vor dem Einfrieren nur sparsam würzen, da sich der Geschmack der Gewürze durch das Einfrieren und Auftauen verändern kann.

Fertige Speisen nur vollständig abgekühlt einfrieren. Am besten vor dem Einfrieren erst im Kühlschrank durchkühlen.

BACKWAREN, EIER UND MILCHPRODUKTE EINFRIEREN

✳ Brot

Am besten in Scheiben schneiden und so einfrieren. Toastbrot nicht in der handelsüblichen Verpackung einfrieren, sondern besser vorher in einen Gefrierbeutel umpacken.

✳ Hefeteig

Hefeteig sollte vor dem Einfrieren einmal aufgehen. Dafür den Teig in eine Schüssel füllen und im Backofen bei niedrigster Temperatur erwärmen.

Sie können Grundnahrungsmittel ebenso wie fertige Gerichte einfrieren. Achten Sie jedoch auf die Einfriertemperatur und das richtige Gefäß.

Alles griffbereit: Eine sinnvolle Vorratshaltung schließt auch ein, dass Sie die eingefrorenen Lebensmittel gut sortiert aufbewahren. Am besten lagern Sie die schneller verderblichen oder schon länger eingefrorenen Nahrungsmittel oben, frisch Eingefrorenes kommt nach unten.

Die meisten Gebäcksorten sind gut zum Einfrieren geeignet. Lassen Sie Gebäck bei Zimmertemperatur auftauen, und backen Sie es dann wenn nötig noch einmal auf (z.B. Brötchen, Tortenböden). Buttercreme- oder Obsttorten lassen sich angetaut besonders gut schneiden.

Wichtig!

Mayonnaise sowie ganze Eier, Avocados und Bananen sind nicht zum Einfrieren geeignet. Auch Milchprodukte wie Joghurt, Sauerrahm und Sahne verwenden Sie besser frisch. Sahne kann man zwar einfrieren, sie schmeckt aber nach dem Auftauen nicht so gut wie frisch.

❋ Mürbeteig

Mürbeteig kann roh und gebacken eingefroren werden. Je mehr Fett er enthält, desto schneller sollte er verzehrt werden.

❋ Baisers und Makronen

Diese zarten Eischneegebäcke sind nicht zum Einfrieren geeignet – sie werden dabei zäh.

❋ Sahnetorte

Stücke von Sahnetorte zuerst auf Tellern vorfrieren, damit die Garnierung nicht beschädigt wird. Danach einzeln in Folie verpackt einfrieren.

❋ Stark gewürztes Gebäck

Speisen oder Kuchen, z. B. Lebkuchen, die mit Nelken gewürzt sind, nicht einfrieren. Durch das Frosten verstärkt sich der Nelkengeschmack und verdirbt die angenehme Würze des Gebäcks oder der Speise.

❋ Gebäck mit Zuckerglasur oder Puderzucker

Nicht einfrieren, denn Glasuren und Puderzucker werden durch die Kälte stumpf und fleckig.

❋ Eier

Rohe sowie gekochte ganze Eier eignen sich nicht zum Einfrieren. Eigelb und geschlagenes Eiweiß können dagegen im Tiefkühlgerät aufbewahrt werden.

❋ Butter

Am besten schon vor dem Einfrieren nach Wunsch in Portionsstücke schneiden und die Stücke in Alufolie einschlagen.

❋ Käse

Je fetthaltiger Käse ist, desto besser kann er eingefroren werden. Hartkäse gleich portionsweise einfrieren. Weichkäse verliert durch die Lagerung im Gefriergerät an Geschmack, da sein Reifeprozess dadurch unterbrochen wird.

❋ Mayonnaise

Mayonnaise eignet sich nicht zum Einfrieren. Sie gerinnt beim Tiefkühlen, da die niedrigen Temperaturen das Öl herauslösen.

❋ Milch

Milch ist zum Einfrieren nicht besonders gut geeignet. Lediglich homogenisierte Milch bleibt halbwegs genießbar.

❋ Sahne

In flüssiger Form und im Becher einfrieren. Geschlagene Sahne verliert durch das Einfrieren zu viel Volumen.

❋ Andere Milchprodukte

Saure Sahne nicht einfrieren: Sie flockt beim Auftauen aus. Auch Kefir und Joghurt sind nach dem Auftauen nur noch eine unappetitliche Masse.

Lebensmittel	So friert man ein	Besonderheiten
Rohes Fleisch	Am besten schon in entsprechenden Portionen; zwischen einzelne Scheiben Tiefkühlfolie legen.	Bei Fleisch mit hohem Salz- und Fettgehalt sowie Geräuchertem Lagerzeiten beachten.
Geflügel	In Portionen oder im Ganzen.	Muss vor dem Weiterverarbeiten vollständig aufgetaut sein.
Geflügelinnereien	Separat in Folie verpackt.	
Wild	Gut abgehangen und mit Speck gespickt.	Muss vor dem Weiterverarbeiten vollständig aufgetaut sein.
Gemüse	Gewaschen, geputzt und zerkleinert, eventuell blanchiert, abgetropft und abgekühlt.	Frische Ware verwenden!
Fisch	Ausnehmen und waschen, Schleimhaut nicht verletzen. 2 bis 4 Stunden anfrieren, dann in kaltes Wasser tauchen und zum Einfrieren verpacken.	Fisch mit weißem Fleisch ist gut geeignet, Fisch mit hohem Fettgehalt (Lachs) kann ranzig riechen - besser gleich Tiefkühlware kaufen!
Backwaren	Backwaren dürfen noch lauwarm in den Gefrierschrank.	Teig für Gefülltes ungebacken einfrieren; erst nach dem Auftauen füllen.
Brot	Am besten in einzelnen Scheiben.	Gut zur Vorratshaltung geeignet.
Knoblauch	Eingeschweißt in eine Plastiktüte.	Zehen einzeln einfrieren.
Beeren, Kirschen, Pilze, Erbsen, Bohnen, Rosenkohl	Auf einem Kunststofftablett verteilen und schockgefrieren. Erst im gefrorenen Zustand abpacken.	Obst reift nach dem Auftauen nicht mehr nach!
Sauermilchkäse (Harzer, Handkäse)	In Stücken verpackt.	In dichter Verpackung im Kühlschrank auftauen.
Weichkäse (Camembert), Butter	In Folie verpackt.	Beim Käse auf den richtigen Reifegrad achten.
Selbst zubereitete Speisen	Immer abkühlen lassen und dann in feste Tiefkühlbehältnisse verpacken.	
Kräuter	Locker in Beutel verpacken oder auf einem Kunststofftablett vorfrosten.	Zarte Kräuter eignen sich gut zum Einfrieren, kräftigere besser trocknen.

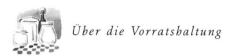
Haltbarkeit von Lebensmitteln im Kühlschrank bei +2 bis +6 °C

Beerenobst	1 Tag
Blattsalat	1 Tag
Butter	10 Tage
Eier	14 Tage
Fisch, geräuchert	2 Tage
Fisch, roh und gegart	1 Tag
Fleisch, gegart	2 Tage
Fleisch, roh	2 Tage
Frischkäse	4 Tage
Gemüse, gegart	2 Tage
Gemüse, roh	2–6 Tage
Hackfleisch, gegart	2 Tage
Hackfleisch, roh	1 Tag
Hähnchen, frisch	1 Tag
Hartkäse	10 Tage
H-Milch	4 Tage
Joghurt	4 Tage
Kartoffelsalat	1 Tag
Milch, frisch	2 Tage
Sahne	4 Tage
Schinken, gekocht	2 Tage
Schinken, roh	5 Tage
Schnittkäse	6 Tage
Speisen, gegart	2 Tage
Steinobst	2 Tage
Wurst, hart	4 Tage
Wurst, roh	1 Tag

Tiefkühlfisch ganz frisch:

Legen Sie gefrorene Fischfilets in Milch ein – so bekommen sie einen frischen Geschmack. Die Milch verwenden Sie anschließend gleich für die Sauce.

EINFRIEREN VON FISCH UND FLEISCH

✳ Fisch

Tiefkühlfisch aus dem Handel unbedingt sofort in das Gefriergerät legen. Roher Fisch sollte nur fangfrisch eingefroren werden. In diesem Fall muss er zuvor geschuppt, ausgenommen und gewaschen werden.

✳ Fleisch

Fleisch am besten portionsweise einfrieren, denn so müssen nicht zu große Mengen aufgetaut werden. Die einzelnen Fleischstücke sollten nicht dicker als 10 cm sein und höchstens 2,5 kg wiegen. Je flacher ein Fleischpaket, desto schneller gefriert es und taut es wieder auf. Tiefgefrorenes Fleisch hält sich je nach Fettgehalt tiefgekühlt 3 bis 10 Monate.

✳ Geräucherte Wurst

Besser nicht einfrieren. Sie ist nach dem Auftauen oft spröde und besitzt nur noch wenig Geschmack.

✳ Wurst

Wurst hält sich im Tiefkühlgerät 1 bis 2 Monate. Bei Schnittwurst legen Sie zwischen die einzelnen Scheiben Folie, damit sie nicht verkleben. Dieses Verfahren kostet zwar viel Zeit, dafür bleibt die Wurst aber so appetitlicher.

✳ Gewürzpulver

Gewürze in Pulverform eignen sich nicht zum Einfrieren. Sie verlieren ihre Würzkraft. Außerdem klumpen sie beim Auftauen zusammen. Am besten von vornherein nur kleine Mengen kaufen.

EINFRIEREN VON GEMÜSE, OBST UND SALAT

✳ Eingefrorenes Gemüse

Gekauftes Tiefkühl-Gemüse lassen Sie in der handelsüblichen Packung und legen es zu Hause einfach gleich ins Gefriergerät.

✳ Radieschen

Frische Radieschen sind zum Einfrieren ungeeignet: Sie verlieren dadurch ihren Geschmack und ihre knackige Beschaffenheit.

✳ Tomaten, Kartoffeln, Zwiebeln

Diese Gemüsesorten immer gekocht oder gedünstet einfrieren. Werden sie in frischem Zustand eingefroren, nehmen sie eine unappetitliche Farbe an oder werden weich.

✳ Äpfel und Birnen

Frieren Sie frische Äpfel und Birnen lieber nicht ein: Die Früchte nehmen dabei eine unappetitliche Farbe an oder werden weich. Im gekochten Zustand lassen sich beide Obstsorten allerdings gut einfrieren.

✳ Avocados

Besser nicht einfrieren. Sie werden durch die Lagerung bei Minusgraden dunkler, und der Reifeprozess wird gestoppt.

✳ Bananen

Nie im Ganzen einfrieren, sie bekommen so eine braune Schale. Besser ist es, die Bananen zu pürieren und danach einzufrieren.

✳ Zitrusfrüchte

Vor dem Einfrieren entsaften oder pürieren. Wenn sie im Ganzen im Tiefkühlgerät gelagert werden, bekommen Zitrusfrüchte unansehnliche Flecken.

✳ Blanchieren

Für manche Gemüse- und Obstarten empfiehlt sich das Blanchieren vor dem Einfrieren. Mit Hilfe eines Siebeinsatzes wird das Gemüse ein bis drei Minuten in siedend heißes Wasser getaucht und anschließend sofort in Eiswasser abgeschreckt. Als Faustregel gilt: Für 500 Gramm Gemüse brauchen Sie etwa 5 Liter Wasser. Helle Gemüse bleiben schön, wenn man 1 Esslöffel Zitronensaft oder Essig ins Blanchierwasser gibt. Achtung: Vor dem Einfrieren das Gemüse gut abtropfen lassen!

Blumenkohl, Erbsen, Grünkohl, Gurken, Möhren, Kohlrabi, Paprika, Porree, Rosenkohl, Schwarzwurzeln, Sellerie und Spinat sollten vor dem Einfrieren blanchiert werden.

Blanchierzeiten

Grünkohl, Spinat, Wirsing, Zucchini	1–2 Minuten
Spargel	1–3 Minuten
Auberginen, Brokkoli, Erbsen, Gurken	2–3 Minuten
Kohlrabi, Paprika, Weißkohl	2–3 Minuten
Blumenkohl, Pilze, Lauch	2–4 Minuten
Grüne Bohnen, Rosenkohl	3 Minuten
Möhren, Rotkohl	3–5 Minuten

✳ Blattsalate

Auf keinen Fall einfrieren! Nach dem Auftauen fallen Blattsalate in sich zusammen, werden matschig und unansehnlich.

✳ Kräuter

Frische, zarte Kräuter wie Sauerampfer, Kresse, Basilikum, Estragon oder Petersilie mit etwa der dreifachen Menge Butter im Mixer oder mit dem Mixstab pürieren und portionsweise im Eiswürfelbehälter einfrieren. In dieser Form eignen sich die Kräuter zum Würzen von Suppen und Saucen. Kräuter mit einem hohen Anteil an ätherischen Ölen, wie Salbei, Thymian, Rosmarin, Pfefferminze und Fenchelkraut, eignen sich nicht zum Einfrieren. Diese am besten in getrocknetem Zustand aufbewahren.

✳ Vitamine im Tiefkühlgemüse

Da Tiefkühlgemüse direkt nach der Ernte eingefroren wird, hat es zum Zeitpunkt des Einfrierens einen sehr hohen Gehalt an Nährstoffen und Vitaminen. Frisches Gemüse hat meist schon eine mehrtägige Lager- oder Transportzeit hinter sich, wenn Sie es schließlich im Laden kaufen. Bereits nach zwei Tagen Lagerung gehen jedoch viele Vitamine verloren! Tiefkühlgemüse hat deshalb oft sogar einen höheren Nährstoff- und Vitamingehalt als frisch gekauftes: So enthält beispielsweise Tiefkühlblumenkohl nach 4 Wochen in der Tiefkühltruhe immer noch 95 Prozent seines ursprünglichen Vitamin-C-Gehaltes. Bei Tiefkühlerbsen bleibt das Vitamin trotz Einfrieren sogar zu 100 Prozent erhalten.

Gemüse mit »Frische-Plus«: Tiefkühlgemüse schmeckt frischer, wenn Sie kurz vor der Fertigstellung der Speise noch etwas frisches, klein geschnittenes Gemüse hinzufügen. Auch Kompott können Sie mit einigen frischen Früchten verfeinern.

Leckeres Gemüse rund ums Jahr

Gemüse kann gleich portionsweise und gemischt eingefroren werden, z.B. für Suppeneinlagen oder Pfannkuchenfüllungen. Hier einige Anregungen:

Frühlingsgemüse	Halbierte kleine Frühlingsmöhren, Kohlrabistifte, Spargelstücke, Ringe von Frühlingszwiebeln, Zuckerschoten
Sommergemüse	Blumenkohl- und Brokkoliröschen, Erbsen, Möhrenstifte, Maiskörner
Herbstgemüse	Auberginen- und Tomatenscheiben, Paprikastreifen, Maiskörner und Tomatenpüree
Wintergemüse	Möhrenscheiben, Knollenselleriestifte, Lauchringe oder Rosenkohl, Schwarzwurzelstücke, Wirsingstreifen und Möhrenstifte

EINKOCHEN

❋ Mengen
Kaufen Sie nur so viele Früchte und Gemüse, wie Sie an einem Tag verarbeiten können. Die Früchte müssen in einwandfreiem Zustand sein.

❋ Sauberkeit
Achten Sie beim Einkochen auf die Sauberkeit des Einmachguts und der Arbeitsgeräte. Schon kleinste Verunreinigungen können dazu führen, dass Eingekochtes in Gläsern verdirbt.

Kontrollieren Sie die Einmachgläser vor dem Einfüllen sorgfältig auf Schrammen und Splitter, und suchen Sie die Gummiringe nach brüchigen Stellen ab. Vor dem Einmachen sollten die Ringe in stark verdünntem Essigwasser ausgekocht werden.

❋ Haltbarkeit fördern
Um die konservierende Wirkung beim Einkochen zu unterstützen, verbrennen Sie 8 Tropfen 54%igen Alkohol im Glasdeckel, während er aufgesetzt wird. Dadurch wird der restliche Sauerstoff im Oberteil des Glases verbraucht und ein Vakuum erzeugt. Keime werden so von den eingekochten Früchten ferngehalten, und das Einmachgut behält seine natürliche Farbe.

❋ Früchte einstechen
Möchten Sie ganze Früchte oder Gemüse einkochen, stechen Sie sie vorher mit einer dicken Nadel mehrmals ein. So können die Früchte die Flüssigkeit gut aufnehmen und schwimmen später nicht an der Oberfläche.

❋ Im Backofen einkochen
Den Backofen nicht vorheizen und die Gläser auf einen Bratrost oder ein Backblech stellen, niemals direkt auf den Boden des Ofens.

❋ Im Kochtopf einkochen
Alle Einmachgläser sollten gleich hoch sein. Die Gläser dürfen den Einkochtopf nicht berühren. Wenn Sie die Gläser mit kalter Flüssigkeit auffüllen, nur kaltes Wasser in den Topf gießen. Umgekehrt gilt: Bei mit warmer Flüssigkeit gefüllten Einmachgläsern den Topf nur mit warmem Wasser nachfüllen.

❋ Lagerung
Die Gläser dunkel und kühl lagern. Geöffnete Gläser im Kühlschrank aufbewahren.

Einkochen beginnt schon mit der Vorbereitung: Sauberkeit und Sorgfalt sind dabei wichtig, damit die Gläser sich später nicht öffnen oder der Inhalt verdirbt.

> *Wichtig!*
>
> *Lagern Sie die Gläser an einem dunklen, kühlen Ort: So hält sich das Einmachgut einige Monate. Sobald Sie ein Glas öffnen, verbrauchen Sie den Inhalt möglichst rasch: Offene Gläser halten sich im Kühlschrank nur wenige Tage.*

REZEPTE ZUM EINKOCHEN

Grundrezept zum Einkochen von Gemüse und Pilzen
für 2 Gläser à 1 l

1 kg Gemüse oder Pilze
1 l Wasser • 10 g Salz

1. Das Gemüse putzen, waschen und zerkleinern. Danach das Gemüse blanchieren, in Eiswasser abschrecken und gut abtropfen lassen. Schließlich bis 2 Zentimeter unter den Rand in die Einmachgläser schichten.

2. Das Wasser mit dem Salz aufkochen. Die Gläser mit dieser Salzlösung auffüllen. Die Einmachgläser zuerst mit Gummiringen und Glasdeckeln, dann mit Federklammern verschließen.

3. Das Gemüse in den Gläsern im Backofen, im Dampfkochtopf oder im Einkochtopf einwecken. Lassen Sie die Einmachgläser nach dem Einwecken gut abkühlen – dabei unbedingt vor Zugluft schützen. Federklammern entfernen, wenn die Gläser vollständig erkaltet sind. Gläser an einem kühlen, dunklen Ort aufbewahren.

Pilze
für 2 Gläser à 1 l

1 kg Steinpilze, Herrenpilze, Pfifferlinge oder Champignons
(auch Pilzmischung möglich)
1 l Wasser • 10 g Salz
Saft von 1 Zitrone
ein paar Blätter glatte Petersilie

1. Die Pilze gründlich putzen, dabei schadhafte Stellen sorgfältig entfernen.

2. Die Pilze in gleichmäßige Scheiben schneiden. Anschließend blanchieren und in Eiswasser abschrecken. Danach die Pilze gut abtropfen lassen.

3. Die Pilze bis maximal 1 Zentimeter unter den Rand in die Gläser schichten.

4. Das Wasser mit dem Salz aufkochen, den Zitronensaft und die Petersilienblätter hinzufügen. Die Gläser damit auffüllen. Gläser wie links in Schritt 2 beschrieben verschließen und bei 100 °C etwa 90 Minuten lang im Einkochtopf, Backofen oder Dampfkochtopf einkochen. Erkalten lassen und kühl aufbewahren.

Ingwerkürbis süßsauer
für 2 Gläser à 1 l

2 kg Kürbisfleisch, vorbereitet
(also bereits geschnitten) gewogen
0,4 l Wasser • 0,4 l Weinessig
400 g Zucker • 1 Stückchen gewürfelte
Ingwerwurzel

1. Kürbisfleisch in Stifte,
Blättchen oder Rauten schneiden
und über Nacht in schwaches
Essigwasser legen. Danach das
Essigwasser abgießen und das
geschnittene Fruchtfleisch gut
abtropfen lassen.

2. Inzwischen den Weinessig
und den Zucker in das Wasser
geben und alles aufkochen lassen. Die Kürbisstücke und die
Ingwerstücke in dieser
Flüssigkeit glasig garen. Alles
in Einmachgläser füllen, dabei
oben ungefähr 2 Zentimeter
Platz lassen.

3. Die Einmachgläser mit
Gummiringen, Glasdeckeln und
Federklammern wie links in
Schritt 2 beschrieben
verschließen und bei einer
Temperatur von 90 °C etwa
30 Minuten lang einkochen.

HALTBARMACHEN DURCH TROCKNEN UND DÖRREN

✳ Kräuter
Binden Sie Kräuter wie Petersilie,
Dill, Majoran, Thymian und Salbei zu Sträußen, und hängen Sie
diese kopfüber an einer Leine auf.
Das Trocknen der Kräuter dauert
bis zu 2 Wochen.

Praktisch und schön: Zum Trocknen aufge-hängte Kräuter-sträuße sind nütz-lich und sehen dekorativ aus.

✳ Pilze
Pilze sind trocken, wenn sie
schrumpelig aussehen und eine
ledrige Oberfläche aufweisen.

✳ Würzgemüse
Zur Kräftigung jeder Brühe können
Sie selbst gemachtes Würzgemüse
verwenden. Legen Sie sich sinn-
vollerweise einen Vorrat an getrockneten Möhren, Sellerieknollen
und Petersilienwurzeln an. Das
geputzte Gemüse dazu in ganz
dünne Scheiben hobeln und 1 bis
2 Tage ausgebreitet an der Luft
vortrocknen lassen. Dann im Ofen
bei 50 bis 60 °C fertig trocknen.
Dabei die Ofentür etwas offen
lassen. Wenn die dünnen Gemü-
seblättchen zwischen den Fingern
knisternd zerfallen, sind sie optimal getrocknet. Sie können sie
nun abkühlen lassen und zum
Aufbewahren in gut verschließbare Dosen füllen. Vor der Verwendung wird das Würzgemüse
eingeweicht und dann in der

*Trockentest:
Brechen Sie ein
Stück des getrockne-
ten Gemüses oder
anderen Trocken-
gutes auseinander.
Tritt dabei kein Saft
aus, ist es vollständig
getrocknet.*

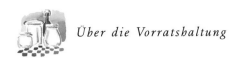
IDEEN FÜR GETROCKNETE BLÜTEN

Lavendelsäckchen

Sie benötigen ein Stück Leinen oder Baumwolle, Nähzeug, frische oder getrocknete Lavendelblüten und Lavendelöl.

1. Schneiden Sie den Stoff in der gewünschten Größe zurecht. Nähen Sie die beiden Längskanten zusammen, dann wenden Sie das Säckchen.

2. Die Lavendelblüten auf einen Teller geben und mit einigen Tropfen Lavendelöl aromatisieren.

3. Mischung in das Säckchen geben, zunähen. Reiben Sie das Säckchen ab und zu etwas oder geben Sie einige Tropfen Lavandelöl darauf – so duftet es stärker.

Sommerpotpourri

Ein Potpourri ist nicht nur dekorativ, der dezente Duft kann die ganze Atmosphäre beeinflussen.

1 Tasse getrocknete Lavendelblüten und -samen

1 Tasse getrocknete Blätter (Lorbeer, Zitronenstrauch, Ysop, Ananassalbei, Melisse, Zitronenthymian)

1/2 Tasse getrocknete Kamillenblüten

1/2 Tasse getrocknete Veilchen- oder Stiefmütterchenblüten

1 TL getrocknete Orangenschalenstreifen

25 g Iriswurzelpulver • 1/2 TL geriebene Muskatnuss

1/2 TL zerstoßene Nelken • 3 Tropfen Lavandinöl

2 Tropfen Rosenpelargonienöl

Alle Zutaten vorsichtig mischen und fest verschlossen 2 bis 3 Wochen lang an einem warmen Ort durchziehen lassen. Dann kann das Potpourri in dekorative Schälchen umgefüllt werden.

Flüssigkeit mitgekocht. Wenn Brühe oder Sauce fertig sind, das Gemüse absieben und möglichst gründlich ausdrücken.

✳ Schimmelbefall
Schimmelige Trockenware müssen Sie unbedingt sofort wegwerfen und den Behälter anschließend sorgfältig mit kochendem Essigwasser ausspülen.

HALTBARMACHEN MIT ESSIG UND SALZ

✳ Haltbarkeit verlängern
Wollen Sie süßsauer Eingelegtes länger als 6 Monate lagern, dann müssen Sie es nach dem Einlegen zusätzlich noch einkochen.

✳ Chutneys und Relishes
Mit Essig und Gewürzen konservierte Zubereitungen aus Gemüse und Früchten werden als Chutneys und Relishes bezeichnet. Die würzigen, dunkleren Chutneys sind noch stärker konzentriert als die Relishes.

✳ Knackige Gurken
In Essig oder Salzlake eingelegte Gurken werden würziger und knackiger, wenn man sie zuvor der Länge nach durchsticht, beispielsweise mit einer Stricknadel. Die Lake kann so gleichmäßig in die Gurken einziehen.

✳ Pickles

Als Pickles bezeichnet man Gemüse und Früchte, die in Essig eingelegt sind. Verwenden Sie dafür nur Lebensmittel, die wirklich frisch, fest und zart sind. Besonders gut eignen sich Salat- oder Gemüsegurken, Blumenkohlröschen, kleine Zwiebeln, rote Beten und gehobelter Kohl.

✳ Runzlige Gemüse und Früchte

Ein Grund für runzlige Pickles kann die falsche Zusammensetzung der Essiglösung sein. Sie ist entweder zu salzig, zu sauer oder zu süß.

✳ Schwimmende Gemüse und Früchte

Wenn die eingelegten Zutaten im Glas obenauf schwimmen, waren sie nicht mehr frisch genug, sondern wurden nach dem Ernten zu lange gelagert.

✳ Stark verfärbte Gemüse und Früchte

Wird stark eisenhaltiges Wasser zum Einlegen verwendet, können sich die eingelegten Gemüse und Früchte verfärben.

✳ Weiche Gemüse und Früchte

Eine zu schwache Essiglösung kann der Grund dafür sein, dass eingelegte Gemüse und Früchte zu weich sind.

So lange halten sich Lebensmittel im Vorratsschrank

Halbkonserven	2 Monate
Hülsenfrüchte	1 Jahr
Kaffee	1 Jahr
Kakaopulver	6 Monate
Knäckebrot	1 Jahr
Kondensmilch	1 Jahr
Nudeln, hell	1 Jahr
Nudeln, Vollkorn	3 Monate
Mehl, Vollkorn	2 Monate
Mehl, weiß	1 Jahr
Nüsse & Mandeln	2 Monate
Reis, weiß	1 Jahr
Reis, Vollkorn	3 Monate
Salz	unbegrenzt
Schokolade	4 Monate
Speiseöl	9 Monate
Tee	1 Jahr
Vollkonserven	2 Jahre
Zucker	unbegrenzt
Zwieback	1 Jahr

HALTBARMACHEN MIT ZUCKER

✳ Haltbarkeit

Konfitüren und Gelees, die mit einem Frucht-Zucker-Verhältnis von 1:1 hergestellt werden, halten sich in der Regel etwa 1 Jahr.

✳ Schnelle Konfitüre

Kleinere Mengen Gefrierobst (bis zu 500 Gramm) können im Mikrowellengerät mit 300 Gramm Gelierzucker in 8 Minuten zu Konfitüre verarbeitet werden. Der Arbeits-

Eingelegtes ist lecker – vorausgesetzt, beim Zubereiten geht nichts schief. Rezepte zum richtigen Einlegen von Gemüse und Früchten finden Sie auf Seite 22.

Wichtig!

Wollen Sie feststellen, ob die kochende Fruchtmasse bereits ausreichend eingedickt ist, geben Sie einfach einen kleinen Klecks auf einen kalt abgespülten Teller. Erstarrt die Masse nach kurzer Zeit, ohne dass sich rundum Wasser bildet, können Sie das Einmachgut in die vorbereiteten Gläser füllen.

Kleine Gläser sammeln:
Konfitüren, Gelees und Marmeladen gelieren in kleinen Gläsern am besten. Deshalb sollten Sie diese schon rechtzeitig sammeln. Auch kleine Joghurtgläser eignen sich sehr gut.

aufwand ist dabei besonders gering. Und so wird's gemacht: z.B. 700 Gramm beliebige Beeren mit 750 Gramm Gelierzucker in einem mikrowellengeeigneten Gefäß vermischen und in der Mikrowelle bei 600 Watt 12 Minuten kochen. Zwischendurch einmal umrühren. In Gläser füllen.

✳ Heißeinfüllen

Erheblich weniger Arbeit als das Einkochen macht das so genannte Heißeinfüllen. Es eignet sich allerdings nicht für Gemüse und Pilze, sondern nur für Stein-, Kern- und Beerenobst.

HEISS EINFÜLLEN

Kochzeit: zwischen 5 und 7 Minuten, je nach Größe der Fruchtstücke
Lagerung: Die geschlossenen Gläser halten sich einige Monate, sie sollten an einem kühlen und lichtgeschützten Ort gelagert werden.

1 l Wasser • 600 g Zucker • 2 kg Früchte

1. Das Wasser mit dem Zucker aufkochen, dann die gewaschenen und eventuell zerkleinerten Früchte darin kochen. Die Früchte mit einem Schaumlöffel herausnehmen und in die Gläser bis etwa 2 Zentimeter unterhalb der Oberkante schichten.

2. Zuckersirup noch einmal aufkochen und die Gläser damit auffüllen. Schließlich die Gläser verschließen, auf den Kopf stellen und den Inhalt abkühlen lassen.

✳ Schutz vor gesprungenen Gläsern

Die heiße Marmelade am besten in vorgewärmte Gläser füllen. Dafür die Gläser spülen und mit den Öffnungen nach unten auf ein Backblech stellen. In den Ofen schieben und auf etwa 50 °C einstellen. Nach 10 Minuten sind die Gläser ausreichend vorgewärmt.

✳ So wird Gelee fest

Lassen Sie die Geleegläser nach dem Einfüllen einige Tage ruhig an einem Platz stehen, zu häufiges Bewegen verhindert nämlich den Gelierprozess.

✳ Was tun bei Schimmel?

Wenn sich auf der Oberfläche der Fruchtmasse etwas Schimmel zeigt, sollte man das betreffende Glas unbedingt wegwerfen. Bislang konnte noch nicht sicher festgestellt werden, ob sich der Schimmelpilz nicht auch in festen Gelees und Konfitüren verteilen kann. Es genügt deshalb nicht, einfach die obere Schicht großzügig abzutragen.

✳ Wässrige Früchte

Besonders in regenreichen Sommern können die Früchte viel Flüssigkeit enthalten. Deshalb Konfitüre und Gelee aus diesem Obst 1 gute Minute länger sprudelnd kochen als im Rezept angegeben.

Konservieren von Lebensmitteln

Einlegen	Lebensmittel werden mit Flüssigkeiten wie Alkohol (Rumtopf), Essig, Zucker- oder Salzlösung bedeckt. Auf diese Weise gelangt kein Sauerstoff mehr an die eingelegten Nahrungsmittel, und sie halten sich länger.
Pökeln	Fleisch wird in eine 15-prozentige Kochsalzlösung eingelegt. Man kann es stattdessen auch schichtweise mit Salz bestreuen. Das Pökeln hemmt die Vermehrung von Keimen.
Räuchern	Durch Wärme wird den Lebensmitteln beim Räuchern Wasser entzogen. Die im Rauch enthaltenen Stoffe dringen in das Nahrungsmittel ein.
Salzen	Fleisch oder Fisch werden mit Salz eingerieben oder in eine 15-prozentige Kochsalzlösung eingelegt.
Säuern	Lebensmittel werden durch Zugabe von Salz zum Säuern angeregt (Beispiel: Sauerkraut).
Tiefkühlen	Nahrungsmittel werden auf mindestens –18 °C heruntergekühlt. Stoffe, die normalerweise zum Verderben der Nahrungsmittel führen, werden so in »Kälteschlaf« versetzt.
Trocknen	Den Lebensmitteln wird Wasser auf einen Wert von unter 10 Prozent entzogen. Dadurch wird es haltbar.
Pasteurisieren	Lebensmittel werden auf knapp unter 100 °C erhitzt. Viele Keime und Bakterien überstehen das nicht (Beispiel: Milch). Pasteurisierte Milch hält sich deutlich länger als Rohmilch.
Sterilisieren	Lebensmittel werden auf über 100 °C erhitzt.

Es gibt viele Möglichkeiten, Lebensmittel haltbar zu machen. Auf dieser Seite können Sie sich einen Überblick über die verschiedenen Verfahren verschaffen.

KONSERVEN

❋ **Angebrochene Dosen**
Geöffnete Konserven möglichst rasch verbrauchen. Reste am besten in ein anderes Gefäß füllen.

❋ **Lagern**
Konserven lagern Sie vor Feuchtigkeit geschützt bei 5 bis 16 °C.

LAGERN VON OBST UND GEMÜSE

❋ **Regelmäßige Kontrolle**
Die eingelagerten Vorräte an Obst und Gemüse müssen regelmäßig kontrolliert werden. Früchte, die zu faulen beginnen, unbedingt sofort entfernen, damit das übrige Lagergut nicht angesteckt wird.

Wichtig!

Beim Heißeinfüllen gibt es eine Möglichkeit, die Früchte vor Schimmel zu bewahren: Stellen Sie die Gläser unmittelbar nach dem Abfüllen auf den Kopf – so entsteht im Glas ein Vakuum, das vor Schimmel schützt.

G R U N D R E Z E P T E

Kompott

2 kg Früchte • 500 g Zucker • 1 l Wasser

1. Früchte waschen, nach Bedarf zerkleinern und in Zitronenwasser legen, damit sie nicht mit Luftsauerstoff in Berührung kommen. Je nach Rezept die Früchte zuvor 1 bis 2 Minuten blanchieren. Danach höchstens bis 2 Zentimeter unter den Rand in die Gläser schichten.

2. Das Wasser mit dem Zucker aufkochen und die Gläser mit dem Zuckersirup auffüllen.

3. Die Gläser mit Gummiringen, Glasdeckeln und Federklammern verschließen und in die Töpfe bzw. den Backofen geben. Beachten Sie dabei die Angaben des Herstellers zu Einkochzeit und -temperatur.

Konfitüre

1 kg Früchte • 1 kg Gelierzucker

1. Früchte waschen und zerkleinern und mit dem Gelierzucker im Topf vermischen. Das Obst mit dem Saft, der sich gebildet hat, zum Kochen bringen.

2. Mindestens 5 Minuten sprudelnd kochen lassen. Die Gelierprobe machen (siehe »Wichtig-Kasten« auf Seite 19).

3. Konfitüre mit einem Einfülltrichter sofort in die Gläser füllen und diese luftdicht verschließen.

Gelee

1 l Fruchtsaft • 1 kg Gelierzucker

1. Den Fruchtsaft mit dem Zucker im Topf vermischen und zum Kochen bringen. Alles mindestens 5 Minuten lang sprudelnd kochen lassen.

2. Das Gelee mit einem Einfülltrichter sofort in Gläser füllen, luftdicht verschließen.

Kandierte Früchte

1 l Wasser • 1 kg Zucker • 500 g Früchte

1. Das Wasser mit dem Zucker so lange kochen, bis sich Fäden ziehen lassen. Gewaschene Früchte oder Fruchtstücke in ein Sieb legen. Das Sieb in eine Edelstahlschüssel hängen.

2. Nun die Zuckerlösung über die Früchte gießen, bis sie vollständig davon bedeckt sind. Das Ganze 1 Tag ziehen lassen, dann die Früchte aus der Flüssigkeit herausnehmen.

3. Schließlich die kandierten Früchte auf einem Kuchengitter trocknen lassen.

Glasierte Früchte

Früchte nach Bedarf • kleine Holzspieße
Wasser und Zucker nach Bedarf

1. Die gewaschenen Früchte je nach Fruchtart entkernen und entsprechend zerkleinern. Danach auf kleine Holzspieße stecken.

2. Eine Zuckerlösung aus gleichen Teilen Wasser und Zucker herstellen. Sie wird so lange gekocht, bis sich zwischen den Fingern Fäden aus ihr ziehen lassen.

3. Nun die Fruchtspieße in die Zuckerlösung tauchen. Danach auf einem Kuchengitter zum Trocknen auslegen. Die Früchte sind fertig, wenn sie nicht mehr kleben und schön glänzen.

Sauer Eingelegtes

1 kg Gemüse • 0,5 l Essig • 0,25 l Wasser,
Gewürze, Kräuter nach Wahl • 1 TL Salz

1. Essig mit übrigen Zutaten aufkochen, das zerkleinerte Gemüse darin garen. Gemüse mit der Schaumkelle in Gläser schichten. Essigsud nochmals aufkochen.

2. Die Gläser mit dem Sud auffüllen – das Gemüse muss vollständig bedeckt sein. Die Gläser verschließen.

Süßsauer Eingelegtes

1 kg Obst oder Gemüse • 0,5 l Essig
0,25 l Wasser • 2 bis 3 TL Zucker
Gewürze, Kräuter nach Wahl

1. Essig mit den übrigen Zutaten aufkochen. Das zerkleinerte Gemüse oder Obst darin garen.

2. Dann die Früchte mit der Schaumkelle in die Gläser schichten und den Essigsud noch einmal aufkochen.

3. Schließlich die Gläser mit dem Sud auffüllen, die Früchte müssen vollständig bedeckt sein. Die Gläser verschließen.

Wollen Sie Konfitüre kochen, wiegen Sie die Früchte immer geputzt, ohne Schale, Stiele und Steine. Erst dann die gleiche Menge Zucker abwiegen.

✳ Länger frisch halten

Obst und Gemüse sollten Sie grundsätzlich ungewaschen lagern und erst kurz vor dem Verbrauch waschen.

✳ Äpfel

Äpfel zum Lagern in einigem Abstand zueinander auf einem luftigen Lattenrost ausbreiten. Liegen sie zu eng, können die Äpfel vorzeitig zu faulen beginnen.

✳ Birnen

Wenn die Birnen auf leichten Daumendruck am Stielende nachgeben oder sich verfärben, sollten Sie sie an einen wärmeren Ort bringen. Innerhalb weniger Tage erreichen sie dann ihre volle Genussreife und müssen so bald wie möglich gegessen werden.

✳ Gemüse mit Grün

Gemüse wie Möhren, Rote Bete, Rettich und anderes Wurzelgemü-

Das Kellerlager:
Wer über einen trockenen, kühlen Kellerraum verfügt, kann sich glücklich schätzen. Denn hier können Sie lagerfähiges Obst und Gemüse gut aufbewahren.

se mit grünen Blättern sollten Sie niemals mit dem Kraut im Kühlschrank aufbewahren. Die grünen Blätter entziehen den Wurzeln nämlich Feuchtigkeit, diese werden dadurch schnell weich und verlieren ihren Biss.

✳ Kartoffeln

Ideal ist ein frostfreier und kühler Kellerraum, der obendrein auch ausreichend Luftfeuchtigkeit und Sauerstoff hat. In betonierten Kellerräumen, die trocken und warm sind, kann man sich mit Kisten behelfen, die schichtweise mit feuchtem Sand angefüllt werden. Kartoffeln lagern Sie bei Temperaturen von 4 bis 6 °C sowie einer relativen Luftfeuchtigkeit von 90 bis 95 Prozent. Die Kartoffeln nie direkt auf dem Boden lagern, denn sie brauchen auch von unten Luft. Wenn Sie Kartoffeln in Kunststoffbeuteln kaufen, sollten Sie sie sofort aus der Verpackung nehmen und an einem trockenen, kühlen Ort aufbewahren.

✳ Kartoffeln ohne Keime

Lagern Sie bei Ihren Kartoffeln immer einige Äpfel, diese verhindern das Keimen der Kartoffeln.

✳ Kohl

Kohlköpfe an den Strünken zusammenbinden und an Drähten oder Balken aufhängen.

✳ Nüsse
Nüsse werden am besten in warmen Räumen aufbewahrt.

✳ Quitten
Bei 0 °C können sie zwei bis drei Monate gelagert werden. Grüne Früchte reifen in der Sonne nach.

✳ Zwiebeln und Knoblauch
Zwiebeln und Knoblauchknollen lassen Sie am besten an einem möglichst warmen Ort im Hausinneren trocknen. Dann die Knollen zu Zöpfen flechten und kopfunter in einen luftigen, trockenen Raum hängen.

Veränderungen von Lebensmitteln während der Lagerzeit

Was passiert?	Veränderung	Gegenmaßnahme
Einfluss von Feuchtigkeit	Trockene Lebensmittel verklumpen (z. B. Zucker) oder quellen (z. B. Knäckebrot).	Trocken lagern, in Gläsern oder dichten Dosen verschließen.
Verlust von Feuchtigkeit	Lebensmittel trocknen aus (z. B. Gebäck, Obst und Gemüse). Besonders viel Feuchtigkeit verdunstet im Kühlschrank oder bei hohen Lagertemperaturen.	Lebensmittel kühl lagern. Gut verpacken, in dichte Behälter füllen, damit keine Feuchtigkeit verdunsten kann.
Fremdgeruch	Vor allem Milchprodukte nehmen Fremdgerüche an.	Milchprodukte nicht nahe bei sehr aromatischen Lebensmitteln lagern.
Licht	Fette und Öle werden ranzig und zersetzen sich; der Geschmack mancher Lebensmittel (z. B. Milch) verändert sich. Lichtempfindliche Vitamine (z. B. Vitamin C) werden zerstört.	Möglichst dunkel lagern.
Temperatur	Bei zu hoher Temperatur welken Lebensmittel (z. B. Gemüse). Bei zu niedriger Temperatur treten Schäden auf (z. B. bei Kartoffeln, Bananen), manche Lebensmittel verlieren ihr Aroma bzw. ihren Geschmack (z. B. Tomaten und Käse).	Stets auf die richtige Lagertemperatur achten!
Aromaverlust	Lebensmittel mit intensivem Aroma (z. B. Kaffee, Gewürze) verlieren ihren Duft.	Lebensmittel gut verpacken, in dichte Behälter füllen.

Obst
& Gemüse

Frisches Obst, Gemüse, Salate und getrocknete Hülsenfrüchte zählen zu den wichtigsten Vitaminlieferanten und
sollten deshalb täglich auf dem Speiseplan stehen.
Viele Früchte und auch die meisten Gemüsesorten müssen
schonend verarbeitet werden, damit möglichst viele ihrer
wertvollen Inhaltsstoffe erhalten bleiben. Informieren Sie sich
darüber unbedingt vor der Zubereitung der Lebensmittel.

ANANAS

✳ Ananas und Gelatine
Ananas enthält, genauso wie Kiwi,
Mango oder Papaya, ein Enzym,
das Gelatine nicht erstarren lässt.
Dieses Enzym wird jedoch durch
Hitze zerstört, so dass beispiels-
weise Ananas aus der Dose für
Geleespeisen verwendet werden
kann.

✳ Ananas und Milchprodukte
Vorsicht bei Süßspeisen mit Ananas und Milch oder Milchprodukten: Ananas enthält ein Enzym,
das Milcheiweiß spaltet und
dadurch einen unangenehm bitteren Geschmack verursacht.

✳ Dosenfrüchte mit Beigeschmack
Wenn Ananas aus der Dose nach
Weißblech schmeckt, sollten Sie
die Stücke 1/2 Stunde lang in kaltes Wasser legen – das nimmt den
unerwünschten Beigeschmack.

✳ Dunkle Flecken
Wenn frisches Ananasfleisch
dunkle Flecken hat, ist das ein ein-
deutiges Zeichen dafür, dass die
Frucht zu kühl gelagert wurde.

✳ Nachreifen von Ananas
Unreife Ananas lagern Sie in einer
geschlossenen braunen Papiertüte
an einem warmen, aber nicht
heißen Ort. Die Ananas sind reif,
wenn sich eins der mittleren Blätter leicht herausziehen lässt.

*Unreife Ananas können Sie in einer brau-
nen Papiertüte an einem warmen Ort
nachreifen lassen.*

> *Wichtig!*
> *Kaufen Sie Obst
> stets saison-
> typisch – es
> schmeckt dann
> nicht nur beson-
> ders aromatisch,
> sondern ist
> außerdem auch
> am gesündesten.*

✳ Reife Früchte

Die inneren Blätter des grünen Blattschopfes lassen sich bei reifen Ananasfrüchten mühelos herauszupfen. Außerdem weist die Schale reifer Ananas keine grünen Stellen mehr auf und gibt auf Druck leicht nach. Eine weitere Möglichkeit, die Reife der Ananas zu testen: Wenn die Frucht einen angenehmen Duft ausströmt, dann ist sie richtig reif!

ÄPFEL

✳ Ausgetrocknete Äpfel

Sind die Äpfel ausgetrocknet, schneiden Sie sie in Stücke, und besprenkeln Sie sie mit Apfelmost oder -saft. So werden sie wieder aromatisch und eignen sich noch gut für Kompott oder Kuchen.

✳ Bratäpfel

So schmecken die Bratäpfel nicht nur lecker, sondern sehen auch noch appetitlich aus: Bestreichen Sie sie vor dem Braten mit etwas Öl oder flüssiger Butter, so bleiben die Äpfel schön glatt.

✳ Schälen

Wenn Sie eine größere Menge Äpfel schälen, legen Sie sie zuvor etwa eine Minute in kochendes Wasser. So lässt sich die Schale anschließend wesentlich leichter abziehen.

✳ Weiße Apfelscheiben

Beträufeln Sie Apfelscheiben oder -schnitze für Kuchen und Süßspeisen mit Zitronensaft: So wird der Geschmack intensiver, und das Fruchtfleisch bleibt schön weiß.

Äpfel sind gute Vitaminlieferanten und können auf vielerlei Art zubereitet werden. Das macht sie zu einem so beliebten Obst.

Die bekanntesten Apfelsorten

Apfelsorte	Farbe
Cox Orange	gelblich grün
Boskoop	grün bis dunkelrot
Golden Delicious	gelb bis goldgelb
James Grieve	rot gestreift
Goldparmäne	gelb bis goldrot geflammt
Ingrid Marie	gelblich grün mit dunkelroter Deckfarbe
Granny Smith	grasgrün
Berlepsch	bräunlich rot
Starking	dunkelrot, mit bläulichem Stich
Jonathan	grünlich gelb bis gestreift dunkelrot
Jonagold	gelb bis geflammt orangerot
Gravensteiner	karminrot geflammt

Unreife Früchte

Aprikosen, Birnen, Nektarinen, Pfirsiche und Tomaten zusammen mit einem reifen Apfel in einer braunen Papiertüte an einem kühlen, schattigen Ort aufbewahren. Die verschlossene Tüte mehrmals einstechen. Der Apfel strömt Ethylengas aus, das den Reifungsprozess ankurbelt.

Großmutters Bratäpfel
für 4 Personen

4 mittelgroße, säuerliche Äpfel

100 g Rosinen • 100 g Mandelblättchen

100 g weiche Butter • 1 EL Anis

2 EL Zucker

1. Die Äpfel waschen und abtrocknen. Das Kerngehäuse herausstechen oder ausschneiden. Den Backofen vorheizen.

2. Die Rosinen waschen, mit den Mandeln, der Butter, dem Anis und dem Zucker verrühren. Die Äpfel mit der Masse füllen.

3. Bei 200 °C 20 Minuten im Backofen backen. Die Bratäpfel in tiefen Tellern nach Belieben mit heißer Vanillesauce servieren.

Aromakur für Bananen

Wenn Bananen fade schmecken, können Sie das Aroma der Früchte durch die Zugabe von etwas gemahlenem Anis, Zimtpulver oder geriebener Muskatnuss verstärken.

APRIKOSEN

✳ Giftige Kerne
Die Kerne der Aprikose sind giftig, besonders das weiche Innere! Sie eignen sich daher auf keinen Fall als Spielzeug für Kinder.

✳ Gründlich waschen
Die Aprikosen vor dem Verzehr gründlich waschen, denn sie werden in ihren Herkunftsländern großzügig mit Pestiziden (Pflanzenschutzmitteln) gespritzt. Die Aprikosenhaut am besten unter lauwarmem Wasser vorsichtig abrubbeln.

✳ Schälen
Zum Schälen bzw. Häuten die Aprikosen 5 Sekunden lang in kochendes Wasser geben, dann herausnehmen und die Haut einfach abziehen.

BANANEN

✳ Färbung der Schale
Sollen die Bananen nicht sofort gegessen werden, kaufen Sie am besten noch grünliche Früchte. Zum sofortigen Verzehr wählt man tiefgelbe Bananen mit kleinen braunen Sprenkeln. Dunkelbraune Stellen auf der Schale zeigen, dass die Frucht überreif und sehr süß ist. Solche Bananen können sehr gut zu Mus püriert und eingefroren werden.

✳ Fruchtige Bananen-Kombinationen
Bananen harmonieren geschmacklich besonders gut mit Birnen und Honigmelonen.

✳ Lagerung
Reife Bananen mit gelber Schale sollten Sie nicht im Kühlschrank aufbewahren: Durch die Kälte ver-

ändert sich der Zuckergehalt und damit der Geschmack. Zudem verfärbt sich die Schale dunkelbraun.

✳ Reife fördern

Neben einer überreifen Banane gelagert, reifen grüne Bananen schneller. Sie können unreife Bananen zum Nachreifen aber auch in ein feuchtes Küchentuch gewickelt in einer Papiertüte lagern.

Wenn Sie eine geschälte Banane mit Zitrone beträufeln, verfärbt sie sich nicht braun. Auch Bananenscheiben oder Mus behalten so länger ihre gelbe Farbe.

BEEREN

✳ Beerenplantagen

Wenn Sie aus frischen Beeren selbst Konfitüre kochen oder Beeren auf Vorrat einfrieren wollen, lohnt es sich, diese auf einer Plantage zu pflücken.

✳ Erdbeerkonfitüre

Wenn Sie während des Kochens von Erdbeerkonfitüre oder anderer roter Konfitüre etwas Zitronensaft zugeben, behält sie ihre schöne rote Farbe.

✳ Reife Beeren lagern

Beeren immer erst unmittelbar vor dem Verzehr waschen und putzen. Einmal gewaschen, verderben die Früchte besonders schnell.

✳ Reifegrad von Stachelbeeren

Die reifen roten oder gelben Stachelbeeren eignen sich gut zum Rohessen. Für Kompott oder Konfitüre sollten Sie dagegen die unreifen grünen Beeren vorziehen.

✳ Stachelbeeren für Obstkuchen

Die Beeren vor dem Backen mit einer Nadel mehrmals einstechen, damit sie nicht platzen.

✳ Stachelbeerkompott

Beeren in kochende Flüssigkeit geben, Hitze sofort herunterschalten. Dadurch platzen sie nicht.

Johannisbeeren zu entstielen ist ganz einfach: Streifen Sie die Beeren mit Hilfe der Gabel vom Stiel.

Sowohl einem Bananendessert als auch einem Beerenkompott verhilft die Säure der Zitrone zu einer appetitlichen Farbe.

Wichtig!

Möchten Sie für ein Dessert Bananen backen oder flambieren, dann verwenden Sie dafür am besten die besonders aromatischen kleinen Babybananen.

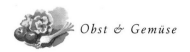

*Rumtopf: Im
Sommer wird er
angesetzt, im
Winter kann man
ihn genießen –
zu Pudding, zu
Eis oder auch
einfach pur.*

REZEPTE MIT BEEREN

Rumtopf

Nehmen Sie ein größeres
Steingutgefäß oder einen richtigen Rumtopf. Folgende Früchte
eignen sich für den Rumtopf:

> Erdbeeren als ganze Frucht
> Aprikosen: gehäutet, entsteint und geviertelt
> Johannisbeeren: von den Rispen gezupft
> Sauerkirschen: entsteint und entstielt
> Birnen: geschält, entkernt
> und in Spalten geschnitten
> Zwetschgen: entsteint und geviertelt

1. Die Früchte im Verhältnis 2:1
mit Zucker bestreuen –
für 1 Kilogramm Früchte werden
also 500 Gramm Zucker
benötigt.

2. Mit so viel hochprozentigem
Rum aufgießen, dass er 3 Zentimeter über den Früchten steht.

3. Sobald die Früchte den
Alkohol aufgenommen haben
und keine mehr oben schwimmen, wird der Topf mit
Cellophan und einer Küchen-
schnur verschlossen und an
einem dunklen, kühlen Ort gelagert. Nach und nach weitere
Früchte – ganz nach persönlichem
Geschmack – zugeben.

Maibowle
für 4 Personen

Weniger Alkohol enthält die
Bowle, wenn Sie den Sekt durch
Mineralwasser ersetzen.

> 500 g Erdbeeren
> 300 g Aprikosen
> Saft von 1 Limette oder Zitrone
> 4 cl Marillenlikör
> 2 Flaschen Weißwein
> 1 Flasche trockener Sekt

1. Die Erdbeeren waschen, von
den Kelchen befreien, klein
schneiden. Die Aprikosen mit
kochend heißem Wasser
übergießen, häuten, halbieren,
entsteinen und in dünne
Spalten schneiden. Früchte in
eine Schüssel geben.

2. Die Erdbeeren und die Aprikosen mit dem Limettensaft und
dem Marillenlikör beträufeln.

3. 1 Flasche Weißwein über das
Obst in der Schüssel gießen und
alles 4 Stunden kalt stellen.

4. Die Bowle in ein dekoratives
großes Gefäß füllen und den
restlichen Wein sowie den Sekt
dazugeben.

*Nur die Besten:
Verwenden Sie für
einen Rumtopf aus-
schließlich makel-
lose, gut gewaschene
Früchte.*

Rote Grütze mit Preiselbeeren
für 4 Personen

250 g Johannisbeeren
250 g Preiselbeeren
250 g Himbeeren
1/2 l Wasser
200 g Zucker
50–100 g Stärkemehl

1. Alle Beeren verlesen und gründlich waschen.

2. Die Johannisbeeren mit dem Wasser aufkochen und dann mit einem Löffel durch ein Sieb streichen, so dass die Kerne zurückbleiben.

3. Die übrigen Beeren und den Zucker zum Johannisbeermus hinzufügen und alles zum Kochen bringen.

4. Das Stärkemehl mit wenig Wasser anrühren, zu den Früchten geben und alles noch einmal aufkochen lassen.

5. Die Grütze abkühlen lassen und dann im Kühlschrank kalt stellen. Sie können sie mit Vanillesauce, Schlagsahne oder Vanilleeis servieren.

✳ Johannisbeeren
Die vitaminreichen kleinen Beeren schmecken nicht mehr ganz so sauer, wenn man sie mit Himbeeren oder Erdbeeren mischt.

✳ Preiselbeeren
Wenn die Beerenhäutchen beim Kochen aufplatzen, sind die Preiselbeeren gar. Nicht zu lange kochen: Die Beeren werden sonst noch bitterer.

BIRNEN

✳ Lagern
Wenn Sie reife Birnen erst einige Tage später verbrauchen möchten, bewahren Sie sie ruhig im Kühlschrank auf. Legen Sie die Birnen dafür in Küchenkrepp eingewickelt in das Gemüsefach des Kühlschranks.

CLEMENTINEN

✳ Früchte mit Blättern
Oftmals werden die meist kernlosen Clementinen mit Blatt und Stiel angeboten. Greifen Sie zu, denn das ist ein untrügliches Zeichen von Frische!

✳ Nicht mehr frisch
Clementinen ohne Blätter könnten schon älter sein. Das Blattwerk und der Stielansatz älterer Früchte sind nämlich vertrocknet oder bereits abgefallen.

Frische Clementinen haben hellgrünes Laub, das stark glänzt. Bei solchen Früchten können Sie unbesorgt zugreifen!

Wichtig!

Bewahren Sie reife Beeren im Kühlschrank auf. Sortieren Sie vorher unbedingt zerdrückte und faule Beeren aus, da sonst die Gefahr besteht, dass alle Beeren verderben.

Neben dem Apfel ist die Birne ein beliebtes heimisches Kernobst. Ob saftig und butterweich oder fest und knackig: Unter den vielen Sorten findet sicher jeder seinen Favoriten!

Die bekanntesten Birnensorten

Birnensorte	Farbe
Williams Christ	gelb bis matt gerötet
Clapps Liebling	hellgrün bis gelbgrün, rot gestreift oder marmoriert
Gute Luise	grün bis gelbgrün
Gellerts Butterbirne	gelblich grün
Abate Fetel	gelbgrün bis gelb
Alexander Lukas	gelb glänzend bis gerötet
Packhams Triumph	bräunlich gelb
Kaiser Alexander	hellgrün, mit zimtfarbenen Sprenkeln

KIWIS

✳ Kiwis und Milchprodukte

In Kombination mit Milchprodukten werden Kiwis bitter, da sie wie Ananas und Papaya ein eiweißspaltendes Enzym enthalten. Deshalb sollten Sie die zerkleinerten Kiwis für die Zubereitung mit Milchprodukten kurz mit heißem Wasser übergießen, das zerstört das Enzym.

MANGOS

Mangopüree: Meist bleibt beim Zerteilen einer Mango relativ viel Fruchtfleisch am Kern zurück. Kratzen Sie es mit einem Messer ab: Sie können daraus ein leckeres Püree machen.

✳ Geschmack mildern

Der etwas harzige Beigeschmack der Frucht verschwindet, wenn man die Mango vor dem Verzehr kurz in den Kühlschrank legt.

✳ Nachreifen

Sind Mangos noch unreif, kann man die Reife beschleunigen: Legen Sie die Früchte in eine braune Papiertüte, und lagern Sie sie an einem warmen, dunklen Ort. Unreife Mangos kann man zu köstlichen Saucen verarbeiten.

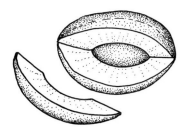

Das Fruchtfleisch der Mango in größeren Stücken vom Kern abschneiden und auf einem Brett in schmale Spalten schneiden.

✳ Schälen

Mangos lassen sich am besten mit einem Sparschäler (Kartoffelschälmesser) dünn abschälen.

✳ Überreife Früchte

Werfen Sie überreife Mangos weg, sie eignen sich nicht mehr dazu, in

Pürees oder Saucen verarbeitet zu werden, da sie diese nur verderben würden.

✳ Verträglichkeit

Nach dem Verzehr von Mangos treten bei manchen Menschen Magenbeschwerden auf. Diese können vermieden werden, wenn man nach dem Verzehr der Mangos 2 Stunden lang weder Milch noch Alkohol trinkt. Das gilt auch für Dosenware.

ORANGEN

✳ Reife Früchte

Reife Orangen sind schwer und prall. Die Fruchtansätze sind saftig grün. Ältere Früchte dagegen sind leichter und haben eine etwas verschrumpelte Schale und einen dunklen Fruchtansatz.

Um Orangen zu schälen, schneiden Sie vorher die Schale mit einem scharfen Messer etwas ein, so dass Sie sie dann in Streifen abziehen können.

✳ Saftigkeit

Wenn sich die Schale von Orangen dick und wattig anfühlt, ist das ein sicheres Zeichen dafür, dass die Frucht nicht besonders saftig ist.

✳ Farbe der Schale

Die Schalenfarbe von Zitrusfrüchten sagt nichts über ihren Reifegrad aus. Sie hängt nämlich lediglich von den Nachttemperaturen während der Reifezeit ab!

✳ Schälen

Wenn Orangen schwer zu schälen sind, gießen Sie kochendes Wasser über die Früchte und lassen Sie sie 5 Minuten ziehen. Danach lässt sich sogar die weiße, pelzige Innenhaut der Orangen besser lösen.

PFIRSICHE

✳ Fruchtpüree

Wenn Sie zu viele Pfirsiche gekauft haben, bereiten Sie ein Fruchtmus daraus, und frieren Sie es ein. Dafür die Früchte mit der Schale und etwas Zitronensaft pürieren, luftdicht verpacken und tiefkühlen. Nach dem Auftauen können Sie das Püree, wenn Sie mögen, mit etwas Likör, Rum oder Zucker abschmecken.

✳ Nachreifen

Unreife Pfirsiche 1 bis 2 Tage in einer geschlossenen braunen Papiertüte aufbewahren.

Löst sich die Schale von Orangen nur schwer, können Sie sie für einige Minuten in den heißen Backofen legen. Nun lassen sich die Früchte problemlos schälen.

Wichtig!
Sämtliche Zitrusfrüchte sollten Sie ausgereift kaufen, denn sie reifen nicht mehr nach. Unreife, saure Früchte können Sie zu Saft verarbeiten, den Sie eventuell mit etwas Zucker süßen.

Soll Rhabarber-kompott besonders mild werden, binden Sie es mit ein wenig kalt eingerührter Speisestärke, bevor Sie es vom Herd nehmen.

❊ Häuten

Wenn sich die Haut von Pfirsichen nur schwer abziehen lässt, die Früchte in einem Topf mit kochendem Wasser überbrühen und etwa 3 Minuten ziehen lassen. Anschließend herausnehmen und abschrecken. Jetzt lässt sich die Haut ganz einfach abziehen. Auch 10 Sekunden (nicht mehr!) in der Mikrowelle helfen. Lassen Sie die Pfirsiche danach aber erst noch fünf Minuten ruhen, bevor Sie sie häuten.

PFLAUMEN

❊ Sorten

Es gibt sie rund und länglich, klein und groß, blau, blauviolett und auch gelb. Alle sind sie saftig und süß. Pflaumen sind reich an Vitaminen und Mineralstoffen. Sie haben außerdem einen hohen Anteil an Ballaststoffen. Deshalb helfen sie bei Verstopfung und tragen zur Entwässerung des Organismus bei.

RHABARBER

❊ Einfrieren

Schälen Sie den Rhabarber, und schneiden Sie ihn in Stücke. Dann breiten Sie ihn auf einem Tablett aus, benetzen ihn mit etwas Wasser und frieren den Rhabarber einige Stunden vor. Anschließend in Gefrierbeutel abfüllen.

❊ Milder Geschmack

Wenn Sie Rhabarberstücke vor dem Kochen mit heißem Wasser übergießen, schmeckt das daraus gekochte Kompott ganz besonders mild.

ROSINEN

❊ Ausgetrocknete Rosinen

Verschrumpelte Rosinen werden wieder glatt, wenn sie mit kochendem Wasser übergossen ein paar Minuten ziehen. Man kann sie stattdessen auch – je nach Rezept – mit etwas Wasser und Rum oder mit ein wenig Sherry aufkochen.

Wichtig!

Rhabarber schmeckt besonders mild, wenn Sie ihn statt mit Wasser mit Orangensaft dünsten.

Pflaumenvielfalt – diese Sorten gibt es

Pflaumen oder Haferpflaumen	Die ziemlich großen, rundlichen Früchte sind meist blau oder rotviolett.
Zwetschgen oder Quetschen	Sie sind oval mit spitz zulaufenden Enden.
Reneklioden oder Reineclauden, Ringlotten, Ringlos, Rundpflaumen	Die Früchte sind grüngelb und kugelig.
Mirabellen	Sie sind wesentlich kleiner als Reneklioden, rundlich und gelb bis orangegelb.

❊ Zusammenkleben vermeiden

Rosinen kleben nicht mehr zusammen, wenn sie bei einer Temperatur von 180 °C ein paar Minuten in den Backofen gegeben werden.

TRAUBEN

❊ Sorten

Trauben gibt es in rot bis blauschwarz und in grün bis grüngelb, mit oder ohne Kerne. In jedem Fall aber sind sie sehr gesund, voller lebenswichtiger Mineralstoffe und Vitamine. Weintrauben enthalten auch viele Ballaststoffe.

❊ Qualitätsmerkmal

Die gute Qualität erkennt man an der prallen Form und der gleichmäßigen Farbe der Traube. Aus den frischen Kernen wird übrigens Traubenkernöl gepresst.

❊ Traubenkur

Machen Sie einmal im Jahr eine Traubenkur: Das entschlackt den Körper gründlich und reduziert außerdem das Gewicht. Essen Sie dafür eine Woche lang täglich nur 500 Gramm Weintrauben!

❊ Waschen

Da Weintrauben in der Regel stark mit Spritzmittelrückständen und anderen Schadstoffen belastet sind, müssen sie besonders gründlich erst mit heißem und dann mit kaltem Wasser gewaschen werden.

Die bekanntesten Traubensorten

Traubensorte	Beschaffenheit
Regina	hell, mild, leicht länglich
Italia	hell, dattelförmig, leicht muskatig
Regina Nera	dunkel, kräftig, länglich
Thompson Seedless	kernlos
Sultana	kernlos

TROCKENOBST

❊ Absacken im Teig verhindern

Trockenfrüchte, vor allem Rosinen, sollten Sie vor dem Backen einweichen, etwas abtropfen lassen und dann mit Mehl bestäuben. Auf diese Weise vorbereitet, sacken die getrockneten Früchte beim Backen nicht im Teig ab.

❊ Lasche Backpflaumen

Haben Backpflaumen ihren Geschmack verloren, hilft es, sie in schwarzem Tee oder Pflaumensaft einzuweichen. So wird das Aroma der Früchte unterstützt.

❊ Trockenfrüchte weich kochen

Weichen Sie die Früchte vor dem Kochen in lauwarmem Wasser ein. Das Einweichwasser ungeschwefelter Früchte kann danach auch zum Kochen verwendet werden. Sie sollten das Trockenobst unbedingt erst nach dem Garen süßen, Zucker verzögert das Weichwerden der getrockneten Früchte.

Kompott

Möchten Sie ein Kompott aus Trockenfrüchten zubereiten, weichen Sie das Obst, z. B. Trockenpflaumen, vorher etwa 2 Stunden in lauwarmem Wasser ein.

Anstelle eines Tuches können Sie auch einen Filter benutzen, um den Holunderblüten-sirup abzugießen.

W I L D B E E R E N - R E Z E P T E

Vogelbeerengelee mit Genever

für 4 Gläser à 0,5 l

1 l Vogelbeerensaft (Eberesche)

1 kg Gelierzucker

5 cl Genever (Wacholderbranntwein)

1. Die Vogelbeeren entweder erst nach dem ersten Frost pflücken oder die gewaschenen, reifen Beeren auf einem Tablett ausgebreitet über Nacht in das Tiefkühlgerät legen, um die Beeren dem Frost auszusetzen.

2. Dann die Beeren mit etwas Wasser in einem Topf zum Kochen bringen, bis sie aufplatzen. Anschließend in ein Tuch schütten und über Nacht darin abkühlen lassen. Den abtropfenden Saft auffangen.

3. Den Fruchtsaft mit dem Zucker in einem Topf vermischen, zum Kochen bringen und dann 5 Minuten sprudelnd kochen lassen.

4. Zum Schluss den Genever dazugießen. Das Gelee sofort in vorbereitete Gläser füllen und luftdicht verschließen. Abkühlen lassen und dunkel aufbewahren.

Holunderblütensirup

20-30 Holunderblütendolden

2,5 l Wasser • Saft von 1 Orange

Saft von 1 Zitrone • 1 kg Zucker

40 g Ascorbinsäure aus der Apotheke

Die Blüten mit Wasser und Saft mischen. 2 Tage zugedeckt im Kühlschrank ziehen lassen. Durch ein Tuch abgießen, mit Zucker aufkochen, Ascorbinsäure unterrühren. In Flaschen füllen, im Kühlschrank aufbewahren.

Schlehengin

2 kg Schlehen (nach dem ersten Frost)

40 g gehackte Mandeln

2 Flaschen Gin • 200 ml Wasser

400 g weißer Kandis

Schlehen zerdrücken, mit Mandeln und Gin in ein großes, dunkles Glas füllen. Verschließen, 3 Monate bei 18–20 °C ziehen lassen. Immer wieder schütteln. Wasser und Zucker aufkochen. Abkühlen lassen. Schlehen im Sieb ausdrücken. Flüssigkeit durch ein Haarsieb gießen. Zuckersirup zugeben. In Flaschen füllen, mehrere Jahre reifen lassen. Wenn sich Niederschlag bildet, nochmals filtern.

Wichtig!

Wenn Sie ein Gelee oder eine Konfitüre zubereiten, benutzen Sie dafür am besten Gelierzucker: Er enthält Apfelpektin und Zitronensäure. Beide Bestandteile sind für den Gelierprozess wichtig und verkürzen obendrein die Kochzeit für Gelees und Konfitüren.

WASSERMELONEN

✳ Reifetest

Ob eine Wassermelone reif ist, können Sie hören. Klopfen Sie dazu einfach mit der flachen Hand auf die Frucht: Klingt sie hohl, ist die Melone reif.

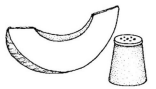

Aromatischer schmecken Melonen, wenn man sie, in Spalten geschnitten, kurz vor dem Verzehr mit etwas Salz bestreut.

WILDBEEREN

✳ Wildbeeren sammeln

Beeren sammeln spart Geld und macht obendrein Spaß. Sie sollten jedoch gesammelte Beeren auf keinen Fall roh verzehren! Nach dem Pflücken ist es außerdem ratsam, sich die Hände sofort gründlich zu waschen, denn an den Wildbeeren können die Eier des Fuchsbandwurms kleben.

ZITRONEN

✳ Aufbewahren

Die Schnittflächen angeschnittener Zitronen mit Eiweiß bestreichen, dann trocknen sie nicht aus.

✳ Ausgetrocknete Zitronen

Vertrocknete Zitronen werden wieder saftig, wenn man sie etwa fünf Minuten lang in Wasser kocht und dann im Kühlschrank auskühlen lässt. Fünf Minuten im Backofen (bei 180 °C) oder 15 Sekunden in der Mikrowelle haben dieselbe Wirkung.

✳ Einfrieren

Zitronen können im ganzen oder in Stücke oder Scheiben geschnitten eingefroren werden.

✳ Gut eingekauft

Kaufen Sie am besten immer Zitronen mit dünner, glatter Schale: Diese sind ganz besonders saftig.

✳ Saftige Früchte

Erwärmen Sie Zitronen und auch Orangen vor dem Auspressen kurz in der Mikrowelle, dann geben sie am meisten Saft. Oder rollen Sie die Früchte vor dem Auspressen auf der Arbeitsfläche hin und her.

Wenn reife Zitronen in einem Behälter mit kaltem Wasser im Kühlschrank aufbewahrt werden, halten sie sich bis zu 1 Monat frisch.

Schon beim Einkauf sollte man auf die Qualität der Früchte achten, das erspart manche Enttäuschung im Nachhinein. Und mit einigen einfachen Tricks können Sie rasch erkennen, welches Obst wirklich frisch und lecker ist.

Saftige Südfrüchte:
Nach kurzem Erwärmen in der Mikrowelle oder dem Hin-und-Herrollen auf einer glatten Fläche lässt sich nicht nur Zitronen, sondern auch Orangen und Grapefruits besonders viel Saft entlocken.

*Melonenkerne ent-
fernen Sie, indem
Sie die Frucht hal-
bieren und die
Kerne herauslöf-
feln. Erst danach
schneiden Sie die
Melone in Spalten.*

Wichtig!

*Die Oberflächen
von Zitrus-
früchten dürfen
mit Pflanzen-
schutz- und
Konservierungs-
mitteln sowie
auch mit Wachs
behandelt wer-
den, müssen
beim Verkauf
aber dement-
sprechend ausge-
wiesen werden.
Um so wenig
chemische Stoffe
wie möglich
mitzuessen, sollte
man die Früchte
vor dem Schälen
unbedingt heiß
abwaschen.*

Backobst und Grießklößchen
für 4 Personen

500 g Backobst (Äpfel, Aprikosen,
Birnen, Pflaumen)

2 l Wasser

250g Schinkenspeck (am Stück)

1 l Milch • 1 TL Salz, 1 EL Zucker

250 g Grieß • 3 Eier

1. Das Trockenobst einige Stunden im Wasser einwei-chen. Das Stück Schinkenspeck hinzufügen. Alles zusammen 30 Minuten kochen lassen.

2. Dann die Milch mit Salz und Zucker aufkochen, den Grieß einrühren und unter ständigem Umrühren bei schwacher Hitze etwa 5 Minuten lang gut ausquellen lassen.

3. Grießbrei vom Herd neh-men. Mit dem Handrührgerät nach und nach die Eier zu-fügen. Backobst und Speck aus dem Wasser nehmen. Vom Grießteig mit einem Löffel Klöße abstechen und in die siedende Backobstbrühe geben.

4. Die Klöße so lange ziehen lassen, bis sie an der Oberflä-che schwimmen.

5. Speck in kleine Würfel schneiden. Grießklöße mit dem Backobst und dem Speck in einer großen Schüssel servieren.

❋ **Saft tropfenweise**
Stechen Sie mit einer dicken Na-del ein Loch in die Zitrone, und pressen Sie so viel Saft heraus, wie Sie benötigen. Anschließend die Zitrone in Folie wickeln und so aufbewahren.

ZUCKERMELONEN

❋ **Reifetest**
Wenn der Stiel von Zuckermelo-nen etwas geschrumpft ist und sich rundherum ein Riss zeigt, ist die Melone reif. Außerdem duftet eine reife Melone nach Melone mit einem leichten Hauch von Ananas. Ein anderer Reifetest: Die Melone am dem Stiel gegenüber-liegenden Ende sanft eindrücken: Gibt die Frucht auf den Druck hin nach, ist sie reif.

NÜSSE

❋ **Faule Nüsse**
Sind die Nüsse ranzig oder schim-melig, unbedingt wegwerfen. Sie könnten nämlich giftige Aflatoxi-ne enthalten.

✻ Nüsseknacken leicht gemacht
Besonders harte Nüsse lassen sich leicht knacken, wenn man sie vorher einfach kurz in den Gefrierschrank legt.

✻ Nüsse mahlen
Gemahlene Nüsse schmecken intensiver, wenn man sie erst kurz vor Gebrauch mahlt. Röstet man sie zudem noch leicht an, wird ihr Geschmack besonders rund und aromatisch.

✻ Zerkleinern
Möchten Sie Nüsse zerkleinern, legen Sie sie dazu zwischen zwei Lagen gewachstes Papier, und rollen Sie dann mit einem Nudelholz darüber.

HASELNÜSSE

✻ Haselnüsse häuten
Haselnüsse auf ein Blech legen und im Backofen einige Minuten rösten. Anschließend lassen sich die Häute der Nüsse ganz mühelos abreiben.

Kastanienpüree
als Beilage zu Wildgerichten

750 g Esskastanien • 1/2 l Fleischbrühe
Salz, Pfeffer • 50 g Butter
2 EL Sahne

1. Die Kastanien schälen und abziehen. In der Brühe weich kochen, passieren und mit Salz und Pfeffer abschmecken.

2. Dann mit der Butter und der Sahne verfeinern.

KOKOSNÜSSE

✻ Aufbewahren
Frische, ungeöffnete Kokosnüsse können Sie bis zu 4 Monate an einem kühlen Ort lagern.

✻ Frische Kokosnuss
Schütteln Sie die Kokosnuss vor dem Kauf: Ist die Kokosnussmilch dabei zu hören, handelt es sich um eine frische Frucht.

Melonen halten sich bei Zimmertemperatur ungefähr drei Tage. Haben Sie die Melone bereits in Spalten geschnitten, bewahren Sie diese in Folie gewickelt im Kühlschrank auf.

Die bekanntesten Zuckermelonensorten

Melonensorte	Form und Farbe der Schale
Honigmelone	glatte, längliche, grünliche bis ockergelbe Schale
Netzmelone	rund bis oval, stark gerippt, raue, rötlich gelbe bis orangefarbene Schale
Kantalupmelonen	rund, mit tiefen Längsrillen, stark warzige, weiße bis dunkelgrüne Schale

Zuckermelonen helfen reifen
Zuckermelonen produzieren Ethylen, ein Gas, das den Reifungsprozess anderer Obst- und Gemüsesorten fördert.

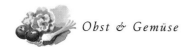

Wie viele exotische Früchte werden auch Kiwis geerntet, bevor sie richtig reif sind. Harte, unreife Kiwis können Sie in eine Plastiktüte legen und an einem warmen Ort einige Tage nachreifen lassen.

Obst

Obstart	Sorten
Kernobst	Äpfel, Birnen, Quitten
Beerenobst	Erdbeeren, Himbeeren, Brombeeren, Johannisbeeren, Stachelbeeren, Heidelbeeren, Weintrauben, Preiselbeeren
Steinobst	Kirschen, Zwetschgen, Pflaumen, Renekloden, Mirabellen, Pfirsiche, Nektarinen, Aprikosen
Schalenobst	Mandeln, Haselnüsse, Walnüsse, Kastanien, Pistazien, Pekannüsse, Paranüsse, Cashewnüsse, Erdnüsse, Kokosnüsse
Zitrusfrüchte	Orangen, Mandarinen, Zitronen, Limetten, Grapefruits
andere Südfrüchte	Cherimoya, Guave, Kaki, Kiwi, Kumquat, Litschi, Mango, Mispel, Papaya, Passionsfrucht (Maracuja), Bananen, Ananas

So öffnen Sie eine Kokosnuss:
Mit einem Handbohrer zwei Löcher am Ende der Nuss bohren und die Kokosnussmilch in ein Glas gießen. Danach die Nuss 15 Minuten lang im Backofen rösten und schließlich mit einem Hammer zerschlagen.

✻ Frische Kokosraspel
Frische Kokosraspel bleiben etwa 24 Stunden lang frisch, wenn man sie in kaltem Wasser aufbewahrt.

✻ Trockene Kokosraspel
Alte Kokosraspel kann man wieder auffrischen, indem man sie mit einer Prise Zucker 3 Minuten lang in Milch einweicht. Ein anderer Trick: Halten Sie die Kokosraspel in einem Sieb über kochendes Wasser. Durch den Wasserdampf werden die Raspel wieder saftiger. Stark ausgetrocknete Kokosraspel übergießt man mit Milch und stellt sie für 1 Stunde in den Kühlschrank. Dann abtropfen lassen und trockendrücken. Die Flüssigkeit auffangen: Sie ergibt einen wunderbaren Kokosmilchersatz und kann zum Kochen verwendet werden.

MANDELN

✻ Mandeln häuten
Ganz einfach lässt sich die braune Haut abziehen, wenn man die Mandeln kurz in Wasser kocht, sie noch einige Minuten in der heißen Flüssigkeit stehen lässt und dann die Mandeln einfach aus den Häutchen schnipst.

WALNÜSSE

✻ Alte Walnüsse
Sie werden wieder knackig frisch, wenn man sie in kochendes Wasser legt, dann abtropfen lässt und für 20 Minuten in den 160 °C heißen Backofen gibt.

✻ Walnüsse schälen
Wer ohne Anstrengung große Mengen an Walnüssen schälen

möchte, sollte sie über Nacht in eine Schüssel mit Salzwasser einlegen. Anschließend lassen sich die Nussschalen leichter knacken, und zwar ohne dass dabei die Kerne beschädigt werden.

GEMÜSE

ARTISCHOCKEN

✳ Blattspitzen entfernen
Die harten Blattspitzen der Artischocken lassen sich besonders einfach mit der Küchenschere abschneiden.

✳ Fasern herauslösen
Bei großen Artischocken können Sie den Stiel von allen Seiten etwas anbrechen oder mit dem Messer rundum ein wenig einschneiden. Dann ziehen Sie mit einem Ruck den Stiel mit den anhaftenden Fasern, dem so genannten Heu, aus der Artischocke.

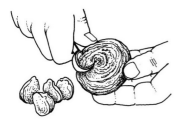

Das Heu im Herzen der Artischocke kann man auch problemlos mit einem Kugelausstecher auskratzen.

✳ Frischemerkmal
Beim Einkauf sollten Sie darauf achten, dass die Köpfe der Artischocken noch fest geschlossen und die Blattspitzen nicht angetrocknet oder gar braun gefärbt sind. Die Blätter sollten straff und grün sein.

✳ Alter
Junge Artischocken erkennen Sie daran, dass die Blüte im Verhältnis zum Stiel kleiner ist.

✳ Schutz vor Verfärbung
Legt man die Artischocken nach dem Putzen und auch immer wieder während des Putzens in Zitronenwasser, verfärben sich die Schnittstellen nicht, sondern bleiben appetitlich hell.

✳ Lagern
Die ungewaschenen Artischocken in ein feuchtes Küchentuch wickeln, dann halten sie sich in einer Plastiktüte im Kühlschrank bis zu fünf Tage lang frisch.

AUBERGINEN

✳ Bitterstoffe entziehen
Die gewaschenen Früchte in Scheiben schneiden, kräftig salzen und eine halbe Stunde stehen lassen, dann trockentupfen. Der Vorgang ist aber nicht unbedingt nötig: Auberginen enthalten heute nicht mehr viele Bitterstoffe.

Je frischer eine Nuss ist, desto heller ist ihr Fleisch. Alte Nüsse erkennen Sie an ihrem gelben Fleisch.

> **Wichtig!**
> *Gemüse immer möglichst frisch verarbeiten: Zu lange Lagerzeiten führen zu Vitaminverlusten.*

*Avocados reifen
schneller, wenn Sie
sie in eine mit
Mehl gefüllte
Schüssel legen.*

Gebratene Auberginen
als Beilage zu Fleisch und Fisch
für 4 Personen

4 große Auberginen • Mehl

Olivenöl zum Ausbraten

2–3 Eier • Salz

1. Auberginen waschen, schälen, in dicke Scheiben schneiden und im Mehl wenden.

2. Das Öl in der Pfanne erhitzen. Die Eier mit dem Salz verquirlen.

3. Auberginenscheiben darin wenden und im heißen Öl von beiden Seiten goldbraun braten.

4. Sofort servieren, da das Gemüse sonst weich wird.

✳ Reife
Keine harten, unreifen Auberginen mit grünen Stellen essen: Sie enthalten das giftige Solanin. Unreife Auberginen bei Zimmertemperatur nachreifen lassen.

AVOCADOS

✳ Reifetest
Reif ist die Avocado, wenn die Schale auf leichten Fingerdruck nachgibt und wenn beim Schütteln der Frucht der Stein zu hören ist.

*Brokkoli mit viel
Geschmack:
Fader Brokkoli wird
durch Senfkörner zu
einem raffinierten
Gemüse. Geben Sie
einfach einige Körner
ins Kochwasser.*

✳ Nachreifen lassen
In einer braunen Papiertüte an einem warmen Ort reifen Avocados schnell nach, besonders zusammen mit einem Stück Bananenschale. Sie können unreife Avocados aber auch in Zeitungspapier wickeln und auf die warme Heizung legen.

✳ Vollreife Avocados aufbewahren
Wer die weichen Früchte nicht sofort verbraucht, kann sie bis zum nächsten Tag im Gemüsefach des Kühlschranks aufbewahren.

✳ Verfärbung vorbeugen
Avocados verfärben sich, wenn man den Kern entfernt. Deshalb: So lange wie möglich am Fruchtfleisch lassen. Wenn's schon passiert ist: Träufeln Sie Zitronensaft auf das Avocadofleisch! Geben Sie den Avocadostein in das zerdrückte oder pürierte Fruchtfleisch, auch dadurch verfärbt es sich nicht unappetitlich dunkel!

BLUMENKOHL

✳ Alter Blumenkohl
Sie haben einen alten Blumenkohl erwischt oder ihn im Gemüsefach vergessen? Kein Problem: Auf jede Tasse Kochwasser je eine Prise Salz und Zucker geben. Das frischt Farbe und Geschmack vom Blumenkohl wieder auf.

✳ Haltbarkeit

Kaufen Sie immer nur so viel Blumenkohl, wie sie verbrauchen. Er hält sich im Kühlschrank nur wenige Tage frisch.

✳ Kochen

Wenn Sie Blumenkohl kochen, sollten Sie einige grüne Blätter mitkochen, er schmeckt dann besonders herzhaft.

✳ Verkochter Blumenkohl

Falls Sie den Blumenkohl aus Versehen zu lange gekocht haben, können Sie ihn immer noch pürieren. Das ergibt eine herrliche Cremesuppe. Das Püree eignet sich auch als Grundlage für eine feine Sauce. Man kann es auch unter Kartoffelbrei mischen.

BROKKOLI

✳ Gleichmäßig garen

Die Röschen von Brokkoli garen besonders gleichmäßig, wenn man sie am Strunk kreuzweise einschneidet. Das so vorbereitete Gemüse stellen Sie zum Kochen mit den Strünken nach unten in den Topf.

✳ Gräulich verfärbte Brokkoliröschen

Das Gemüse sollten Sie nicht im Dampfkochtopf garen, dadurch bekommt es nämlich eine unappetitliche Färbung.

GEMÜSE VORBEREITEN

✳ Haltbarkeit

Mittelgroße Exemplare von Gemüse sind oft besser haltbar als sehr große oder sehr kleine.

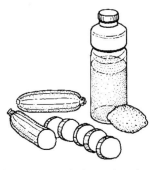

Helle Gemüse verfärben sich nicht, wenn man dem Kochwasser etwas Zitrone oder Essig beifügt.

✳ Vorbereiten

Gemüse sollten Sie stets im Ganzen waschen: So werden wasserlösliche Vitamine und Mineralstoffe nicht ausgeschwemmt. Das Gemüse immer erst kurz vor der Zubereitung zerkleinern, denn Sauerstoff – aus der Luft – und Licht zerstören Vitamine!

GURKEN

✳ Lagern

Gurken sollten Sie nie gemeinsam mit Tomaten oder Obst lagern, da sie durch deren Ethylenausscheidung schneller reifen und rasch gelb werden.

Das Kochwasser von Gemüse sollten Sie unbedingt aufheben: Es enthält wichtige Nährstoffe und Aromen und ist eine gute Basis für Suppen und Saucen. Lediglich wenn das Gemüse sehr nitratreich ist – wie z. B. Spinat – verwenden Sie das Kochwasser besser nicht weiter.

Wichtig!

Brokkoli sollte man – wie auch Blumenkohl – etwa 10 Minuten in Essig- oder Salzwasser legen: unliebsame Schädlinge kommen dabei zum Vorschein.

*Im Sommer sollten
Sie Freilandgurken
unbedingt den
Vorzug vor
Gewächshaus-
gurken geben:
Erstere schmecken
viel besser.*

✳ Schwammige Gurken

Gurken werden wieder fest, wenn
die ganze Frucht in einer Schüssel
mit kaltem Wasser in den Kühlschrank gestellt wird. 1 Stunde
vor Verbrauch schälen, in Scheiben schneiden, salzen und wieder
ins Wasser legen. Danach gut
abtropfen lassen.

✳ Würzen

Das zarte Aroma von frischem
Dill unterstreicht den Gurkenge-
schmack optimal.

KARTOFFELN

✳ Alte Kartoffeln

Eine gute Prise Zucker ins Kochwasser geben – das verbessert den
Geschmack von alten Kartoffeln.
1 Teelöffel Essigessenz zusätzlich
verhindert, dass die Kartoffeln
dunkel werden.

✳ Luftiges Püree

Unter das Kartoffelpüree einen
Teelöffel Backpulver rühren, so
wird es leicht und ganz besonders
locker.

✳ Fixe Kartoffelscheiben

Besonders flott lassen sich gegarte
Kartoffeln im Eierschneider in
Scheiben schneiden. Rohe Kartoffeln, wie beispielsweise für ein
Gratin, lassen sich dagegen wunderbar gleichmäßig auf dem Gurkenhobel zerkleinern.

Ofenkartoffeln:
*Ofenkartoffeln oder
Kartoffeln vom Grill
garen schneller,
wenn man durch
jede Kartoffel einen
Metallspieß steckt.*

Gurkengemüse
für 4 Personen

750 g frische Gurken • 50 g Butter
3 EL Weißwein
Dill, Zucker, Salz und Pfeffer
5 g Speisestärke • 3 EL saure Sahne
gehackte Petersilie

1. Die Gurken schälen und in
etwa 3 Zentimeter dicke
Scheiben schneiden, in heißer
Butter andünsten. Den Wein,
den gehackten Dill, Zucker,
Salz und Pfeffer hinzufügen.

2. Alles in 12 bis 15 Minuten
gar dünsten. Die Speisestärke
mit der Sahne verrühren und
zu dem Gemüse geben, kurz
aufkochen lassen.

3. Mit Petersilie bestreuen
und mit Salzkartoffeln und
evtl. Fleisch servieren.

✳ Neue Kartoffeln

Mit ihrer extrem dünnen Schale
eignen sich neue Kartoffeln nicht
zum Lagern. Deshalb immer nur
so viele davon einkaufen, wie innerhalb einer Woche verbraucht
werden können.

✳ Kartoffelknödel

Die dampfend heißen Kartoffeln
für Knödel am besten pellen und

sofort verarbeiten. Die zerdrückte Masse sollten Sie nicht kräftig rühren oder kneten, der Kartoffelteig würde dadurch klebrig und zäh werden.

✳ Knödel formen
Knödelteig klebt beim Formen nicht an den Händen, wenn Sie diese zuvor mit etwas Speiseöl einreiben.

✳ Knödel servieren
Legen Sie einen vorgewärmten Teller mit der Unterseite nach oben in eine ebenfalls vorgewärmte Schüssel, und geben Sie die Knödel darauf. Auf diese Weise wird überschüssiges Wasser am Boden der Schüssel aufgefangen, ohne dass die Knödel damit in Berührung kommen.

✳ Pellen
Pellkartoffeln für Salate oder Bratkartoffeln sollte man möglichst schon am Vortag kochen. Am nächsten Tag lassen sie sich nämlich wesentlich leichter pellen und in Scheiben schneiden. Nach dem Kochen auf jeden Fall mit kaltem Wasser abschrecken: So lassen sich die Kartoffeln dann besonders leicht pellen.

✳ Perfekte Klöße und Knödel
Vor dem eigentlichen Kochen ist es sinnvoll, schon einen Probekloß ins siedende Wasser zu geben.

Wird der Kloß zu weich oder zerfällt er, sollten Sie noch etwas ausgedrückte Kartoffeln oder ein wenig Kartoffelmehl zum Kloßteig geben.

✳ Pommes Frites aufwärmen
Hängen Sie die kalten Pommes frites in einem Sieb über Wasserdampf. Dadurch werden sie wieder warm, ohne dabei hart und ledrig zu werden.

✳ Salzkartoffeln
Beim Garen möglichst nur so viel Wasser zugeben, wie die Kartoffeln aufsaugen werden. Die Wassermenge ist dabei abhängig von der Kartoffelsorte.

Für Knödel sollte man die noch heißen Kartoffeln möglichst rasch verarbeiten: Die Kartoffelstärke ist dann am aktivsten, und der Teig hält gut zusammen.

Verwendung der unterschiedlichen Kartoffelsorten

Fest kochend
Für Kartoffelsalat, Schmor-, Pell- und Bratkartoffeln: Bamberger Hörnchen, Hansa, Nicola und Sieglinde aus Deutschland; Roserol und Grenaille aus Frankreich; Primura aus Italien.

Vorwiegend fest kochend
Für Salz-, Pell-, Brat- und Grillkartoffeln: Carola, Desirée, Granola, Primura, Roesen-Desirée, Quarta, Grata sowie Spunta und Dypern aus neuer Ernte.

Mehlig kochend
Für Kartoffelpüree, Klöße, Salzkartoffeln, Pommes frites, Eintöpfe und Suppen: Aula, Maja und Spunta aus Deutschland; Bintje und Prinzess aus Holland; Süßkartoffeln aus Brasilien.

REZEPTE MIT KARTOFFELN

Bratkartoffeln aus gekochten Kartoffeln
für 4 Personen

1 kg Kartoffeln • Salz
1-2 Zwiebeln • 80 g Fett

1. Die Kartoffeln waschen, in der Schale kochen, abpellen und kalt werden lassen.

2. Die Kartoffeln in Scheiben schneiden; die Zwiebeln schälen und würfeln.

3. Die Kartoffeln in heißem Fett unter häufigem Umwenden goldbraun braten, nach 5 Minuten die Zwiebeln zugeben und alles salzen.

Tiroler Gröstl
für 4 Personen

750 g Kartoffeln • Salz
250 g gekochtes oder gebratenes Fleisch (Reste) oder Wurst • 2 kleine Zwiebeln
80 g Fett • gehackte Petersilie

1. Die Kartoffeln waschen, in der Schale kochen, abpellen, erkalten lassen und in Scheiben schneiden.

2. Das Fleisch oder die Wurst und die Zwiebeln würfeln.

3. Alles im heißen Fett bräunen. Salzen und mit Petersilie bestreut servieren.

Kümmelkartoffeln
für 4 Personen

1 kg neue Kartoffeln • Butter
Salz • Kümmel

1. Die Kartoffeln abbürsten und gut waschen, abtropfen lassen, längs halbieren.

2. Die Schnittfläche mit der Butter bestreichen, mit Salz und Kümmel bestreuen.

3. Mit der Schnittfläche nach oben auf ein gefettetes Backblech legen und bei mittlerer Hitze 30 bis 40 Minuten im Ofen backen. Dazu schmeckt Zwiebelsauce.

Kartoffelbrei
für 4 Personen

1 kg Kartoffeln • Salz
1/4 – 3/8 l Milch
200 g Butter

1. Die Kartoffeln schälen, vierteln und in Salzwasser dämpfen. Am Ende der Garzeit die Milch zum Kochen bringen.

2. Die Kartoffeln abgießen und sofort noch sehr heiß durchpressen.

3. Das Mus mit der Milch, der Butter und Salz sehr schaumig schlagen, am besten mit dem elektrischen Handrührgerät.

✳ Scheiben fürs Gratin

Schön dünn und gleichmäßig werden die Scheiben, wenn man die rohen Kartoffeln auf dem Gurken- oder Gemüsehobel schneidet.

✳ Garen

Kartoffeln werden schneller gar, wenn Sie dem Kochwasser einen Teelöffel Öl oder Margarine zugeben. Das Fett erhöht den Siedepunkt des Wassers.

✳ Würziger Kartoffelsalat

Etwas kräftige, heiße Fleisch- oder Gemüsebrühe über die geschnittenen Kartoffelscheiben gießen, dann die Marinade zugeben und alles zusammen gut durchziehen lassen.

KOHL

✳ Frostgarantie

Grünkohl, ebenso auch Rosen- und Rotkohl, schmecken erst richtig gut, nachdem sie Frost abbekommen haben. Wer nicht auf den Frost warten mag, kann stattdessen den Kohl für einige Stunden ins Tiefkühlfach legen.

✳ Kohlgeruch

Besonders intensiv ist der Kohlgeruch, wenn man Kohlgerichte aufwärmt. Um den aufdringlichen »Duft« zu binden, der sich beim Garen entwickelt, geben Sie Brotstückchen ins Kochwasser.

✳ Kohlrouladen

Kohlblätter lassen sich leicht und ohne Risse vom Kopf lösen, wenn man den ganzen Kohlkopf immer wieder kurz in siedendes Wasser legt. Die Blätter werden dabei weich und lassen sich dann auch besonders gut zu Rouladen wickeln.

✳ Kohlrouladen auf Vorrat

Es lohnt sich, Kohlrouladen in größerer Menge auf Vorrat zuzubereiten. Die Kohlrouladen dazu in die Fettpfanne des Backofens legen und im Ofen garen. Dann abkühlen lassen und portionsweise einfrieren.

✳ So bleibt Kohl »farbenfroh«

Ob Rotkohl, Weißkohl oder Brokkoli: Kohl behält beim Kochen seine schöne Farbe, wenn Sie dem Kochwasser einen Schuss Essig zugeben.

✳ Rotkohl, versalzener

Haben Sie aus Versehen etwas zu viel Salz an den Rotkohl gegeben, fügen Sie einen zerkleinerten Apfel oder eine rohe geriebene Kartoffel hinzu – dadurch wird der Kohl wieder genießbar.

✳ Stampfen

Frisch zerkleinerten Weiß- und Rotkohl sollten Sie stampfen: So wird er zarter und nimmt Marinaden besser an.

Besonders intensiv wird der oft als unangenehm empfundene Kohlgeruch, wenn man ein Gericht wieder aufwärmt. Deshalb portionieren Sie Kohlgerichte so, dass gleich alles aufgegessen wird und keine Reste zum Aufwärmen bleiben.

Wichtig!

Wenn Sie Rotkohl mit etwas Essig kochen, geben Sie den Essig erst am Ende der Garzeit ins Kochwasser: Der Kohl würde nämlich durch langes Kochen mit Essig herber, und Sie müssten ihn außerdem länger garen.

*Einen besonders
feinen Geschmack
bekommt Kohl,
wenn man einen
Schuss Balsamico-
oder Sherryessig
dazugibt.*

✳ Kohl und Kümmel

Kohlgemüse ist schwer verdaulich,
deshalb sollte man es mit verdau-
ungsförderndem Kümmel würzen.

KOHLRABI

✳ Frischetest

Ob Kohlrabiknollen verholzt sind
oder nicht, prüft man am besten
am unteren Ende: Stechen Sie dazu
mit einem spitzen Messer einige
Male in die Knolle. Wenn das
leicht und glatt geht, ist der Kohlrabi frisch.

✳ Kohlrabiblätter

Kaufen Sie Kohlrabi mit frischem
Grün. Die grünen Blätter sind vita-
minreicher als die Knolle selbst.
Hacken Sie die Blätter klein, und
mischen Sie sie zum Schluss unter
das fertige Gericht.

✳ Die richtige Auswahl

Die Blätter des Kohlrabis sollten
frisch und hellgrün sein. Wählen
Sie Kohlrabiknollen, die nicht
mehr als 10 Zentimeter Durchmesser haben.

KÜRBIS

*Kräftig würzen:
Da Kürbisse nur
recht wenig Eigen-
geschmack haben,
können Sie dazu
ruhig pikante Ge-
würze verwenden.*

✳ Haltbarkeit

Ganze Kürbisse halten sich kühl
und trocken gelagert mehrere
Monate. Kürbisscheiben bleiben
jedoch selbst im Kühlschrank nicht
länger als 3 Tage frisch.

Kohl westfälisch
für 4 Personen

1 kg Weißkohl

2–4 säuerliche Äpfel

75 g Schmalz • Salz

1/8 l Wasser

1 rohe Kartoffel • Essig

1 Prise Zucker • etwas Kümmel

1. Den Weißkohl putzen und
nicht zu fein schneiden oder
hobeln. Die Äpfel schälen, vom
Kerngehäuse befreien und in
Scheiben schneiden.

2. Das Schmalz im Topf zergehen lassen, den Kohl darin
anschmoren.

3. Wenn der Kohl etwas
zusammengefallen ist, salzen;
das Wasser und die
Apfelscheiben dazugeben.

4. Alles zugedeckt etwa
30 Minuten lang dünsten, bis
die Äpfel zerfallen.

5. Rohe Kartoffel hineinreiben,
10 Minuten ziehen lassen.

6. Mit Salz, Essig und Zucker
abschmecken, evtl. etwas
Kümmel dazu geben.

7. Mit Salzkartoffeln servieren.

❋ Sorten

Es gibt unterschiedliche Sorten –
vom Zierkürbis bis zum 50 Kilogramm schweren Riesenkürbis.
Am besten schmecken Flaschen-
kürbis, Eierkürbis, Gartenkürbis
und Squash. Einheimische Kürbisse gibt es von August bis Oktober.
Sie sind reich an Ballaststoffen,
Kalium und Vitamin A sowie Fol-
säure. Kleine Kürbisse sind zarter
und aromatischer. Große müssen
immer geschält und von den Kernen befreit werden.

*Lassen Sie einen Kürbis so lange wie
möglich ganz: Einmal aufgeschnitten, hält
er sich höchstens noch einige Tage.*

MAIS

❋ Geschmack

Am besten schmecken frische,
noch nicht ausgereifte Maiskolben.

❋ Weiche Körner

Die Maiskörner werden beim
Kochen nicht zu hart, wenn Sie
dem Kochwasser einen Teelöffel
Butter und eine gute Prise Zucker
beigeben.

MÖHREN

❋ Karotin

Wer wissen will, wieviel Karotin
eine Möhre enthält, kann sich auf
ihr Äußeres verlassen: Tief orange-
rote Möhren sind besonders reich
an Karotin.

❋ Schälen

Sie sparen sich das Schälen von
Möhren, wenn Sie sie stattdessen
nach dem Waschen mit Salz abreiben. Danach noch einmal kurz kalt
abbrausen.

OLIVEN

❋ Schwarze Oliven im Glas

Bei schwarzen Oliven im Glas sollten Sie immer das Kleingedruckte
auf dem Etikett lesen: Steht »Farb-
stoff« oder »Eisen-II-Glukonat« auf
der Zutatenliste? Dann befinden
sich hellere Oliven im Glas, die
lediglich schwarz gefärbt wurden.

*Oliven lassen sich mit dem Kirschent-
steiner leicht von ihren lästigen Steinen
befreien.*

*Möhren, die Sie
im Herbst oder
Winter kaufen,
eignen sich dazu,
länger gelagert
zu werden – im
Gegensatz zu
Frühkarotten.
Diese halten sich
nicht besonders
lange.*

> *Wichtig!*
>
> *Wenn Sie junge
> Möhren zuberei-
> ten, können Sie
> etwas von dem
> Kraut daran las-
> sen – das
> schmeckt besser
> und sieht außer-
> dem hübsch aus.*

*Der Kürbis ist ein
sehr vielseitiges
einheimisches Ge-
müse, das sich in
den letzten Jahren
wieder wachsender
Beliebtheit erfreut.*

REZEPTE MIT KÜRBIS

Kürbis in Knoblauchöl
für 4 Personen

500 g Kürbis • 3–4 Knoblauchzehen
10 Blättchen frischer Salbei
knapp 1/8 l Olivenöl • Saft von 1 Zitrone
Salz • frisch gemahlener schwarzer Pfeffer

1. Den Kürbis schälen und halbieren, die Kerne entfernen und
das Fruchtfleisch in 2 Zentimeter dicke Scheiben schneiden.

2. Die Knoblauchzehen schälen
und fein hacken, die Salbei-
blättchen waschen, trockentupfen und dann in feine Streifen
schneiden.

3. Das Olivenöl portionsweise in
der Pfanne erhitzen. Bei mittlerer Hitze die Kürbisscheiben
weich und goldbraun braten.
Aus der Pfanne nehmen.

4. Die Pfanne vom Herd nehmen, den Zitronensaft, den
Knoblauch und den Salbei im
noch heißen Öl unter Rühren
leicht anschwitzen.

5. Alles über den Kürbis gießen,
mit Salz und Pfeffer würzen. Sie
können das Gericht lauwarm
oder kalt servieren.

Gewürzkürbis
für 2 Gläser à 1 l

1 kg Kürbis (ohne Schale und Kerne)
1/2 l Essig, 5%ig • 1/4 l Wasser
1–2 Lorbeerblätter
ein paar Pfefferkörner
1 Stück getrockneter Ingwer • Salz

1. Das Kürbisfleisch in Stifte
oder Rauten schneiden. Salzen
und über Nacht durchziehen lassen. Mit kaltem Wasser über-
brausen, gut abtropfen lassen.

2. Essig mit den übrigen Zutaten
aufkochen. Die Kürbisstücke im
Essig-Gewürz-Sud glasig garen.

3. Die Kürbisstücke mit einer
Schaumkelle in Gläser füllen.

4. Den Sud noch einmal aufkochen und die Gläser damit auffüllen. Die Kürbisstücke müssen
mindestens 1 Zentimeter hoch
mit dem Sud bedeckt sein.

5. Die Gläser gut verschließen
und kühl lagern. Nach 5 Tagen
Essigsud abgießen, erneut aufkochen, abschäumen und durch ein
Sieb gießen. Die Gläser wieder
damit auffüllen, verschließen
und kühl aufbewahren.

*Getrocknete Pilze:
Haben Sie Pilze
getrocknet, lagern Sie
sie in fest verschließ-
baren Behältern. Ver-
gessen Sie auch
nicht, das Abfüll-
datum darauf zu
schreiben.*

50

PILZE

✳ Frisch genießen
Pilze verderben rasch, deshalb sollten Sie sie immer möglichst rasch zubereiten und frisch essen.

✳ Helle Champignons
Beträufeln Sie Champignons beim Kochen mit etwas Zitronensaft. Dadurch bleiben sie schön hell.

✳ Herkunft von Champignons
An den Füßchen können Sie erkennen, woher die Champignons kommen: Champignons mit schwarzen Füßchen stammen aus Deutschland. Französische Höhlenchampignons haben ein weißes, mit Kalkmergel eingestaubtes Füßchen.

✳ Nicht aufwärmen
Gekochte Pilze besser nicht aufwärmen, denn das in ihnen enthaltene Eiweiß verdirbt schnell und ist schwer verdaulich. Das gilt vor allem für Wildpilze!

✳ Pfifferlinge einfrieren
Braten Sie die Pilze vorher in der Pfanne kurz mit Zwiebeln und Speckwürfeln an.

✳ Champignonscheiben
Geputzte Champignons lassen sich mit dem Eierschneider besonders schnell in gleichmäßige Scheiben schneiden.

✳ Verschmutzte Champignons
Sind die Champignons sehr erdig? Dann geben Sie die Pilze in ein Sieb, bestreuen Sie sie mit Backpulver, und schütteln sie alles gut durch. 5 Minuten stehen lassen und dann mit kaltem Wasser abbrausen – die Erde bleibt nun am Backpulver kleben.

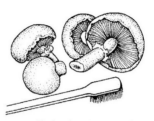

Pilze unter fließendem Wasser abwaschen oder mit einer Pilzbürste reinigen, damit sie sich nicht mit Wasser vollsaugen.

✳ Pilze aus Glas oder Dose
Wenn Sie Champignons oder andere Pilze aus dem Glas oder aus der Dose verwenden, sollten Sie nur die Hälfte der im Rezept angegebenen Menge frischer Pilze nehmen, denn die Pilze sind bereits gekocht und verändern ihr Volumen nicht mehr!

PORREE

✳ Lagern
Porree oder Lauch sollte man besser nicht zusammen mit aromaempfindlichen Lebensmitteln wie beispielsweise Butter, Zitrus-

Pilze halten sich nicht lange frisch – deshalb möglichst gleich essen. Müssen Sie sie doch kurz lagern, legen Sie sie in einen mit einem Tuch abgedeckten Behälter in den Kühlschrank.

Wichtig!

Sammeln Sie Pilze nur selbst, wenn Sie sich auch wirklich gut mit den verschiedenen Pilzsorten auskennen. Wenn Sie Pilze kaufen – z.B. auf dem Wochenmarkt – fragen Sie ruhig nach der Herkunft, und schauen Sie sich die Pilze genau an. Kaufen Sie keine angeschlagenen, fleckigen Pilze.

PILZREZEPTE

Gedünstete Pfifferlinge
für 4 Personen

800 g Pfifferlinge • 1 Zwiebel
1 EL Butter • Salz, Pfeffer
1/8 l Rotwein • 1 EL Mehl
2 EL saure Sahne

1. Die Pfifferlinge putzen, waschen, trockentupfen und klein schneiden. Die Zwiebel schälen und fein hacken.

2. Die Butter in einer Pfanne erhitzen. Die Zwiebeln darin glasig werden lassen, dann die Pfifferlinge dazugeben. Mit Salz und Pfeffer würzen, den Rotwein dazugießen. Alles gut 10 Minuten dünsten.

3. Das Mehl mit der Sahne anrühren, zu den Pilzen geben und nochmals aufkochen lassen. Mit Semmelknödeln oder Kartoffelkroketten und grünem Salat servieren.

Pilzextrakt

Eine ausgezeichnete Würze für Gerichte aller Art ist Pilzextrakt. Dafür eignen sich am besten Pilze, die nach Regentagen gesammelt wurden und deshalb zu wässrig zum Trocknen oder Einfrieren sind.

1. Die geputzten, gewaschenen und grob zerkleinerten Pilze werden ohne Wasser bei mittlerer Temperatur zum Köcheln aufgesetzt. Lassen Sie sie 20 Minuten ziehen.

2. Dann alles in ein Tuch gießen und gut ausdrücken.

3. Den ausgedrückten Saft einkochen, bis er so dick wie Sirup ist, und gut mit Salz würzen. Dieser Extrakt hält sich in einem Schraubdeckelglas einige Jahre.

Steinpilz-Risotto
für 4 Personen

300–400 g frische Steinpilze
1 Knoblauchzehe
2 EL Olivenöl • 1 Zwiebel
Butter • 500 g Rundkornreis
ca. 1 l heiße Brühe (bei Bedarf mehr)
Salz • geriebener Parmesankäse • gerebelter Salbei

1. Die Pilze putzen, kurz abwaschen und in gleichmäßige, dünne Scheiben schneiden. Den Knoblauch schälen, hacken und mit den Pilzen zusammen in heißem Öl gar dünsten.

2. Die Zwiebel schälen, hacken und zusammen mit dem Reis in der heißen Butter glasig werden lassen. Nun die heiße Brühe nach und nach unter ständigem Rühren dazugießen.

3. 30 Minuten leicht kochen lassen, ab und zu umrühren. Kurz bevor der Reis ganz gar ist, die warmen Pilze untermischen. Mit etwas Butter, Salz, Parmesan und Salbei abschmecken.

früchten, Äpfeln, Birnen oder Beeren lagern. Diese Lebensmittel nehmen sonst nämlich den starken Geruch des Porrees an.

✳ Waschen

Die Porreestangen immer von den Wurzeln zu den Blättern hin abspülen. Am besten die Stangen längs halbieren und die Blätter unter fließendem Wasser leicht auseinander biegen, auf diese Weise wird auch der zwischen den Blättern eingeschlossene Sand herausgespült.

RADIESCHEN UND RETTICH

✳ Frischetest

Achten Sie beim Einkauf darauf, dass der Rettich fest ist. Wird er mit Grün angeboten, so sollten die Blätter nicht welk und gelb sein. Durch einen Einstich mit dem Messer können Sie kontrollieren, ob der Rettich schwammig oder holzig ist.

✳ Radieschen oder Rettich auffrischen

Radieschen oder Rettich werden leider schnell welk und schwammig. Mit einem einfachen Trick werden sie jedoch wieder knackig frisch, ohne dabei ihre angenehme Schärfe zu verlieren: Legen Sie das Gemüse 2 bis 3 Stunden vor dem Servieren in Eiswasser.

ROSENKOHL

✳ Garen

Vor dem Kochen die Röschen am Strunkende kreuzweise einschneiden, damit sie weniger bitter sind und schneller garen.

✳ Salzen

Rosenkohl besser erst nach dem Kochen salzen, dann verfärbt er sich nicht grau.

ROTE BETE

✳ Kochen

Immer nur unbeschädigte Knollen ungeschält kochen, damit sie nicht ausbluten. Wählen Sie in etwa gleich große Rote Beten, damit sie in derselben Garzeit weich werden.

✳ Schälen

Die Knollen sollte man nach dem Kochen mit reichlich kaltem Wasser abschrecken, dann die Schale abziehen. Zum Schälen können Sie einen Gefrierbeutel oder Einweg-Handschuhe über die Hände stülpen, damit sich Ihre Hände nicht rot verfärben.

SALAT

✳ Bitterstoffe entziehen

Waschen Sie Salate wie Endivie, die Bitterstoffe enthalten, mit lauwarmem Wasser, das mildert den herben Geschmack.

Beim Kauf von Rettich gilt: »Klein, aber fein«, denn kleine Rüben sind qualitativ besser als größere.

Wichtig!

Bei Radieschen und Rettich muss die Schale unverletzt sein, sonst blutet die Knolle aus. Das Fleisch soll einheitlich durchgefärbt und saftig sein, es darf keine weißen Ringe zeigen.

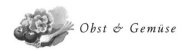

Schwarzwurzeln reinigen Sie am besten mit einer speziellen Gemüse-bürste unter flie-ßendem Wasser.

✳ Endivie
Endiviensalat gewinnt an Ge-schmack, wenn Sie beim Zubereiten des Salats eine warme Kartoffel untermischen.

✳ Welker Salat
Wenn die Salatblätter nicht mehr knackig frisch sind, schaffen Sie es mit folgendem Trick, sie wieder aufzupeppen: Die Blätter kurz in heißes Wasser tauchen. Anschlie-ßend in Eiswasser mit einem Schuss Essig geben. Dann abschütteln und 1 Stunde in den Kühlschrank stellen.

✳ Kopfsalat aufbewahren
Lagern Sie Kopfsalat nie mit Toma-ten oder Obst zusammen. Diese scheiden Ethylen aus und verursa-chen rote Flecken auf den Blättern und Rippen des Salats.

SCHWARZWURZELN

✳ Farbe erhalten
Geschälte Schwarzwurzeln kochen Sie in Wasser mit etwas Zitrone oder Essig, so bleiben sie appetit-lich weiß. Eine Prise Zucker im Kochwasser verstärkt noch den Geschmack.

✳ Einkauf
Wählen Sie gerade, dicke Schwarz-wurzeln. Diese lassen sich beson-ders leicht schälen und garen gleichmäßig durch.

Salat auffrischen: Muss welker Salat ganz besonders rasch wieder ›in Form ge-bracht‹ werden, können einige Tropfen Öl Wunder wirken.

Schneiden Sie vor dem Zubereiten das »Herz« am unteren Ende des Chicoree he-raus, sonst schmeckt das Gemüse bitter.

✳ Schälen
Am leichtesten lassen sich die Schwarzwurzeln nach dem Kochen schälen. Oder Sie überbrühen die Wurzeln vor dem Schälen noch einmal kurz mit kochendem Was-ser. In jedem Fall müssen die Schwarzwurzeln vor dem Schälen gründlich von Schmutz und Erde befreit werden.

✳ Hartnäckige Farbe
Beim Schälen der Schwarzwurzeln sollten Sie auf jeden Fall Küchen-handschuhe tragen. Sie könnten sonst eine böse Überraschung erle-ben: Der Saft färbt Ihre Hände intensiv schwarz.

KNOLLENSELLERIE

✳ Alte Knollen
Alte Sellerieknollen, die schon etwas weich sind, werden wieder ganz frisch und knackig, wenn Sie sie für eine halbe Stunde in kaltes Wasser legen, dem Sie einige rohe Kartoffelscheiben hinzufügen.

❋ Grün des Knollensellerie

Sie können die Blätter des Knollensellerie beim Kochen als Gewürz mitverwenden oder klein gehackt wie Petersilie unter das fertige Gericht mischen.

❋ Kein Verfärben

Sellerie behält beim Kochen seine schöne helle Farbe, wenn man etwas Speiseöl in die Kochflüssigkeit gibt.

❋ Sellerie lagern

Bewahren Sie den Sellerie kühl, jedoch nicht im Kühlschrank auf. Bei Temperaturen unter 20 °C hält sich der Sellerie so vier bis fünf Tage.

❋ Schalen verwenden

Sellerieschalen waschen, trocknen und zerkleinern: Man kann Suppen oder Saucen damit würzen.

SPARGEL

❋ Spargelvorrat

Spargelfans können sich während der Spargelsaison im Tiefkühlgerät einen Vorrat der schmackhaften Wurzeln anlegen. Dazu die frischen Spargelstangen schälen, portionsweise verpacken und einfrieren. Wenn dann der große Spargelappetit kommt, brauchen Sie die gefrorenen Stangen einfach nur ins heiße Wasser zu geben und wie gewohnt zu garen.

❋ Frischetest

Frischen Spargel erkennt man an seiner glänzenden Schale, den fest geschlossenen Köpfen und daran, dass die Stangenenden beim Einstechen saftig sind. Reibt man die Stangen aneinander, »klingen« sie. Die Schnittenden der Spargelstangen müssen hell sein.

Die Stielenden von frischem Spargel dürfen auf gar keinen Fall verholzt, braun oder eingerissen sein.

Güteklassen bei Spargel

Spargel-Güteklassen	Aussehen
Klasse Extra – höchste Qualität	Gerade gewachsen, fest geschlossene Köpfe, gleiche Längen, Mindestdurchmesser von 16 bis 26 Millimeter.
Klasse I	Gerade gewachsen, unbeschädigt, feste, weiße, geschlossene Köpfe, Durchmesser von 12 bis 26 Millimeter.
Klasse II	Weniger gut gewachsen, leichte Krümmung, rosa Färbung, Köpfe weniger fest geschlossen, Durchmesser kleiner als 22 Zentimeter.

Wichtig!

Wenn Sie Spargel aus der Konserve verwenden, drehen Sie die Dose um, und schneiden Sie sie am Boden auf: So können Sie verhindern, dass Sie die Spargelköpfe aus Versehen beschädigen.

Haben Tomaten einen »Gelbrücken« – also gelbe, etwas verdickte Stellen, handelt es sich um Verhärtungen des Fruchtfleischs.

Tomaten und Lauch in der Pfanne
für 4 Personen

3 Stangen Lauch • 4 Fleischtomaten • 4 Pellkartoffeln (400 g)
1 große Zwiebel • 3 EL Öl • 1 TL Salz • 2 Eier
1 Prise scharfes Paprikapulver • 4 EL Crème fraîche • Schnittlauch

1. Den Lauch putzen, waschen und in Ringe schneiden. Die Tomaten überbrühen und häuten, die Stielansätze entfernen. Tomaten achteln. Die Kartoffeln schälen und in Scheiben schneiden.

2. Die Zwiebel schälen und klein hacken. Die Zwiebel und den Lauch in dem heißen Öl anbraten, dann die Kartoffeln dazugeben. Salzen, etwa 8 Minuten braten, dabei öfter umwenden.

3. Dann die Tomaten dazugeben und alles zugedeckt 15 Minuten dünsten. Die Eier mit dem Salz, dem Paprikapulver und der Crème fraîche verquirlen und unter das Gemüse rühren. In der offenen Pfanne stocken lassen.

4. Das Gericht mit Schnittlauchröllchen bestreuen. Dazu passen Schnitzel oder Steaks.

Wichtig!

Spargel sollte im Gemüsefach des Kühlschranks getrennt von anderen Lebensmitteln aufbewahrt werden.

❋ Richtig lagern
Wenn Sie frisch gekauften Spargel nicht mehr am selben Tag aufbrauchen können, wickeln Sie ihn ungeschält oder geschält in ein feuchtes Geschirrhandtuch, und lagern Sie ihn an einem kühlen Ort. Sie können das Tuch auch vorher mit Zitronenwasser tränken und auswringen. Auf diese Weise hält sich der Spargel bis zu 3 Tage frisch. Für etwa 6 Monate können Sie die geschälten Spargelstangen gut einfrieren.

TOMATEN

❋ Tomaten abziehen
Ritzen Sie mit einem spitzen Messer am Fruchtansatz der Tomate ein kleines Kreuz ein. Dann tauchen Sie die Frucht in kochendes Wasser, bis die Haut aufplatzt. Danach in kaltes Wasser tauchen und schließlich die Haut abziehen.

❋ Füllen
So bereiten Sie gefüllte Tomaten vor: Halbieren und aushöhlen.

Danach etwa 20 Minuten umgedreht in einem Sieb liegen lassen. So tropfen die Tomaten gut ab, und die Füllung wird später nicht verwässert.

✳ Glasige Früchte

Wenn Tomaten glasig aussehen, ist das ein sicheres Zeichen dafür, dass sie bereits Frost abbekommen haben. Kaufen Sie diese Früchte besser nicht.

✳ Kleine Früchte nehmen

Greifen Sie besser bei den »Zwergen« zu: Kleine Tomaten enthalten anteilig mehr Vitamin C und Karotin als größere.

✳ Lagern

Tomaten verlieren schnell an Aroma, wenn man sie im Kühlschrank lagert. Deshalb sollten Sie sie statt dessen lieber bei Zimmertemperatur oder in der kühlen Speisekammer aufbewahren.

✳ Qualität

Achten Sie beim Einkauf darauf, dass die Tomaten am Stielende keine so genannten »Grünkragen« und auch keine »Gelbrücken« haben.

✳ Unreife Früchte

Tomaten, die noch nicht vollständig ausgereift sind, sind keinesfalls minderwertig. Lassen Sie sie einfach noch etwas liegen: Bei Zimmertemperatur reifen sie gut nach.

✳ Weiche Früchte

Weiche Tomaten werden wieder fest, wenn sie einige Zeit in kaltem Wasser liegen.

ZWIEBELN

✳ Lagern

Kontrollieren Sie unbedingt regelmäßig Ihr Zwiebellager: Schon eine einzige angefaulte Zwiebel steckt alle anderen an.

✳ Zwiebelringe braten

Schön braun und kross werden Zwiebelringe, wenn man beim Braten etwas Zucker zugibt.

Geschmorte Zwiebeln
für 4 Personen

8-12 große Zwiebeln • Salz
Butterflocken • geriebener Käse

1. Die Zwiebeln schälen und in wenig Salzwasser gar dünsten.

2. Herausnehmen, abtropfen lassen und in einer feuerfesten Form mit Butterflöckchen belegen und mit dem geriebenen Käse bestreuen.

3. Die Zwiebeln goldbraun überbacken. Dazu passt Curryreis, Champignonreis oder Risotto.

So lassen sich Tomaten leicht häuten: Die Früchte mit einem Messer einritzen, in eine Schüssel legen und mit kochendem Wasser übergießen. 1 – 2 Minuten ziehen lassen.

Zwiebeln kaufen: Vorsicht bei Zwiebeln, die in Netzen angeboten werden: Versteckt sich nur eine angefaulte Zwiebel darin, können die anderen ebenfalls rasch verderben.

Zwiebelringe dürfen nicht zu dunkel werden, denn sonst schmecken sie unangenehm bitter.

Gemüsesorten

Gemüseart	Sorten
Wurzelgemüse	Möhren, Sellerie, Meerrettich, Rettich, Radieschen, Schwarzwurzeln, Rote Bete
Blattgemüse	Kopfsalat, Endivie, Feldsalat, Spinat, Mangold, Gartenkresse
Kohlgemüse	Wirsing, Blumenkohl, Brokkoli, Weißkraut, Chinakohl, Rosenkohl, Grünkohl, Rotkohl
Stängel- und Sprossgemüse	Kohlrabi, Spargel, Rhabarber, Chicorée, Bleichsellerie
Zwiebelgemüse	Zwiebeln, Lauch, Fenchel
Fruchtgemüse	Gurken, Tomaten, Kürbisse, Gemüsepaprika, Zucchini, grüne Bohnen, Erbsen

✳ Zwiebeln schneiden
Beim Schneiden von Zwiebeln sollten Sie unbedingt ein sehr scharfes Messer benutzen: Werden die Zwiebeln nämlich gequetscht statt geschnitten, schmecken sie bitter.

✳ Zwiebelringe schneiden
Ganz gleichmäßige und sehr feine Zwiebelringe erhalten Sie, wenn Sie die Zwiebeln auf dem Gurkenhobel schneiden.

✳ Zwiebelstückchen
Geschnittene Zwiebeln sollte man nie in Kunststoffbehältern aufbewahren, denn diese nehmen den intensiven Geruch der Zwiebeln an, so dass man danach keine anderen Lebensmittel mehr darin lagern kann. Deshalb ist es besser, ein Glas oder ein Keramikbehält-

nis zu verwenden und dieses mit einem Stück Klarsichtfolie abzudecken.

✳ Zwiebeln hinzufügen
Sollen Zwiebeln an ein bereits gekochtes Gericht, dünsten Sie sie vorher in etwas Flüssigkeit weich, und geben Sie die Zwiebeln dann samt der Flüssigkeit an das Essen.

Besonders knusprig werden Zwiebelringe, wenn man sie vor dem Braten mit etwas Mehl bestäubt.

Wichtig!

Versuchen Sie, die Zwiebelringe 3 bis 5 Millimeter dick zu schneiden – so lassen sie sich am besten braten, denn sie sind weder zu dick noch zu dünn.

HÜLSEN-FRÜCHTE

VORBEREITEN

✳ Kein Einweichen nötig

So sparen Sie Zeit: Hülsenfrüchte brauchen vor dem Kochen nicht erst eingeweicht zu werden, wenn sie zusammen mit etwas Natron ins kalte Wasser gegeben und gekocht werden.

✳ Einweichwasser

Das Einweichwasser von Hülsenfrüchten sollten Sie auf keinen Fall wegschütten! Darin sind nämlich reichlich Vitamine und Mineralstoffe enthalten. Deshalb lassen Sie die Hülsenfrüchte nach dem Einweichen gleich in dem Wasser und kochen Sie sie darin, bis sie weich sind.

✳ Nicht zu zeitig würzen

Wenn Sie Salz, Essig oder Wein an die Hülsenfrüchte geben, verlängern Sie die Garzeit. Deshalb würzt man die Früchte damit erst zum Schluss.

✳ Kürzere Garzeit

Wenn es schnell gehen soll, geben Sie einen Teelöffel Bullrich-Salz pro Liter Kochwasser zu den Hülsenfrüchten. Das verkürzt die Garzeit. Ein weiterer positiver Effekt: Die Hülsenfrüchte werden so auch noch bekömmlicher.

✳ Würzen für Bekömmlichkeit

Bestimmte Gewürze und Kräuter sorgen dafür, dass Hülsenfrüchte leichter verdaut werden: Würzen Sie mit Thymian, Fenchel, Muskat oder Knoblauch.

✳ Leichter zu verdauen

Hülsenfrüchte sind schwer verdaulich und wirken blähend. Wer das nicht verträgt, sollte sie nur geschält verwenden – dann sind sie bekömmlicher.

BOHNEN

✳ Alte Bohnen garen

Alte Bohnen schmecken wieder frisch, wenn Sie dem Kochwasser eine Prise Zucker und 1 Teelöffel Salz beifügen.

Ob Sie Hülsenfrüchte einweichen und garen oder gleich aus der Dose nehmen, ist eine Frage des Geschmacks und der Zeit. Auf Vitamine und Mineralstoffe wirkt sich die Verarbeitung jedenfalls nicht aus!

Pfannkuchen mit Hanf
für 2 Personen

100 g Mehl

30 g Hanfmehl (Samen im Mixer pürieren, nicht in der Getreidemühle, da diese durch den Ölgehalt verstopft)

1 Prise Salz • 1 Ei

1/2 l Milch oder Milch und Wasser (1:1)

Öl oder Butter zum Braten

1. Alle Zutaten mischen und Pfannkuchen ausbacken.

2. Die Pfannkuchen können gefüllt werden mit Gemüse, Zwiebeln, Pilzen, Schinken oder auch Zucker, Apfelmus, Preiselbeeren, Kompott oder Eis.

Dem Geschmack vieler Hülsenfrüchte kann man nachhelfen, indem man beim Kochen ein kleines bisschen Zucker hinzugibt.

✳ Bohnenfäden entfernen

Bohnenfäden lassen sich besser entfernen, wenn Sie das Gemüse ungefähr 3 Minuten lang in kochendes Wasser tauchen.

✳ Farbe erhalten

Bohnen bleiben schön grün, wenn sie erst blanchiert und dann kurz mit kaltem Leitungswasser (evtl. Eiswasser) abgeschreckt werden.

✳ Geschmack verstärken

Bohnen schmecken intensiver, wenn Sie etwas Zucker in das Kochwasser geben. Auch etwas Dill, Fenchelsamen oder Rosmarin unterstreichen den Geschmack.

✳ Mischgemüse

Grüne Bohnen harmonieren geschmacklich mit den meisten Gemüsen. Geben Sie dem gemischten Gemüse ein Stückchen Butter zu, dann mischen sich die unterschiedlichen Aromen besser.

ERBSEN

Salz zum Schluss: Getrocknete Hülsenfrüchte brauchen eine längere Garzeit, wenn sie in Salzwasser gekocht werden. Deshalb sollten Sie sie erst nach dem Garen salzen. Außerdem werden die Hülsenfrüchte dadurch leichter bekömmlich.

✳ Besonders köstlich

Wenn Sie die Erbsen in der Schote kochen, schmecken sie besonders gut, und die Schoten lassen sich nach dem Garen auch ganz einfach entfernen.

✳ Erbsenpüree

Verwenden Sie für Erbsenpüree am besten große getrocknete Erbsensamen, denn sie sind am ergiebigsten, weil sie besonders viel Stärke enthalten.

✳ Farbe und Geschmack der Erbsen erhalten

Streuen Sie beim Kochen etwas Zucker über die Erbsen. Sie behalten dann ihre schöne grüne Farbe. Auch der Geschmack verbessert sich so.

✳ Frisch und getrocknet

Grüne und gelbe Garten- und Felderbsen werden frisch und getrocknet im Handel angeboten. Frische Erbsen aus hiesigem Anbau sind von Juni bis August erhältlich.

✳ In der Schote

Frische Erbsen in der Schote zu kaufen lohnt sich nur, wenn sie ganz frisch vom Feld kommen und wenn sie noch klein, zart und saftig sind. Die Hülsen sollten unverletzt, glatt und sauber, keinesfalls fleckig, gelblich oder strohig sein.

✳ Menge

Wenn Sie Erbsen in der Schote kaufen, müssen Sie mit 70 Prozent Abfall rechnen. Von 1 Kilogramm Schoten bleiben also nur ungefähr 300 Gramm Erbsensamen übrig.

✳ Frischemerkmale

Sehen die Erbsenhülsen aus, als seien sie mit Mehl bestäubt, sind sie zu spät geerntet worden. Öffnen Sie probeweise eine Hülse und kosten Sie die Kerne: Liegen die Erbsen dicht gedrängt in der Schote, handelt es sich eindeutig um ältere Exemplare, die den größten Teil ihrer Fruchtsüße bereits in Stärke umgewandelt haben und mehlig und herb schmecken.

✳ Würzen

Erbsen schmecken raffinierter, wenn Sie besondere Gewürze verwenden. Probieren Sie doch einmal Basilikum, Majoran, Mohn, Rosmarin oder Salbei aus. Oder geben Sie ein paar gebräunte Zwiebeln an die Erbsen.

LINSEN

✳ Sorten

Es gibt verschiedene Sorten: Tellerlinsen, Mittellinsen und Zuckerlinsen, helle, blonde, rote und schwarze. Die schwarzen Linsen werden überwiegend in Indien verwendet. Am aromatischsten sind die kleinen Linsen, da die Geschmacksstoffe überwiegend in der Schale sitzen. Sie sind reich an Eiweiß, Kohlenhydraten, Ballaststoffen, Eisen und Vitamin B.

✳ Getrocknete Linsen

Getrocknete Linsen müssen nicht eingeweicht werden. Wie getrocknete Bohnen und Erbsen werden sie ohne Salz in gut 1 Stunde gegart.

Erbsenpüreesuppe
für 4 Personen

500 g getrocknete Erbsen (gelb oder grün)
1 kleine Zwiebel
Olivenöl • 20 g Butter
1 l Brühe • Salz, Pfeffer
2 EL Sahne
4 Wienerle oder Bockwürste
(nach Belieben)

1. Die Erbsen über Nacht einweichen. Am nächsten Tag die Zwiebel schälen, fein hacken und in Öl und Butter glasig dünsten. Die Erbsen mit dem Einweichwasser hinzufügen und 1 Stunde garen. Falls nötig, etwas Brühe zugießen.

2. Erbsen durch ein Sieb streichen und mit der Brühe aufgießen. Aufkochen, mit Salz, Pfeffer und Sahne abschmecken.

3. Nach Belieben Wienerle, Bockwurst oder eine andere Fleischwurst (z.B. Lyoner) in Scheiben schneiden und unter die Suppe mischen.

4. Wer die Erbsensuppe vegetarisch bevorzugt, nimmt Gemüsebrühe zum Aufgießen, lässt die Wurst weg und bestreut die Suppe mit Croûtons und frischer Minze.

Die Erbsenpüreesuppe kann auch aus tiefgekühlten grünen Erbsen zubereitet werden. Dadurch entfällt die Einweichzeit. Wer Erbsenpüree pur mag, gießt keine Brühe mehr zu den durchpassierten Erbsen, sondern würzt nur mit etwas Instantbrühpulver nach.

Hülsenfrüchte – optimal für Vegetarier
Alle Hülsenfrüchte enthalten hochwertiges Protein (Eiweiß), das in Kombination mit Getreideeiweiß dem tierischer Produkte gleichwertig ist. Vor allem Vegetarier sollten deshalb regelmäßig Hülsenfrüchte in ihren Speiseplan einbauen.

KERNE UND SAMEN

Aus Getreide-samen, Hülsen-fruchtsamen und anderen Samen lassen sich für die Ernährung sehr wertvolle Keimlinge ziehen.

✳ Ideal für Vegetarier

Vor allem Vegetarier sollten den hohen Nährwert von Samen und Kernen nutzen. Sie enthalten wertvolles Protein (Eiweiß) sowie hochwertige Fettsäuren und Vita-mine (zum Beispiel Vitamin E). Samen und Kerne verleihen zudem vielen Gerichten erst den richtigen »Biss«. Streuen Sie die gerösteten Samen über Suppen und Salate, oder mischen Sie sie beispielsweise unter Pasta- oder Reisgerichte.

✳ Keimlinge aufbewahren

Sie schmecken am besten frisch geerntet, können jedoch, luftdicht verpackt, 2 bis 3 Tage im Kühl-schrank aufbewahrt werden. Dabei kann sich allerdings der Geschmack verändern.

✳ Keimlinge selber ziehen

Beim Selberziehen von Keimen und Sprossen müssen einige Grundregeln eingehalten werden, damit die zarten Keime sprießen können: Die Einweichzeit (siehe Tabelle), die Temperatur (zwischen 18 und 22 °C) und die Keimzeit (siehe Tabelle) sind von Bedeutung. Darüber hinaus ist es wichtig, dass die Keimlinge immer wieder gespült werden, damit sich keine schädlichen Keime (z. B. Schim-melpilze) bilden können.
Für die Anzucht benötigen Sie keinen speziellen Keimapparat, es genügt ein Glas, das mit luftdurchlässigem Material, wie Gaze, abgedeckt wird. So bekom-men die Samen Luft und werden beim Spülen aufgefangen.

✳ Mehr Aroma

Sonnenblumenkerne, Sesamsamen oder Kürbiskerne erhalten ein

Voraussetzungen für den Keimvorgang: Samen brauchen zum Keimen Wasser, Wärme, Sauerstoff und, je nach Pflanzenart, auch Licht. Am besten gedeihen Keimlinge bei einer Temperatur von 18 bis 22 °C.

Samen, Sprossen, Keime – auf einen Blick

Samen	Einweichzeit	Keimzeit
Adzukibohne	12 Stunden	3 bis 5 Tage
Bockshornklee	7 Stunden	2 Tage
Kichererbse	12 Stunden	3 bis 5 Tage
Mungbohne	12 Stunden	4 bis 6 Tage
Rettich	6 Stunden	3 bis 6 Tage
Roggen- und Weizenkörner	12 Stunden	2 bis 4 Tage
Senf	6 Stunden	4 bis 8 Tage
Sojabohne	12 Stunden	3 bis 6 Tage

besonders nussiges Aroma, wenn sie vor der Verwendung in einer beschichteten Pfanne ohne Fett geröstet werden.

✳ Nährwert

Lässt man Hülsenfrüchte, Samen oder Getreide keimen, wandeln die in ihnen enthaltenen Enzyme die Kohlenhydrate um und machen sie leichter verdaulich. Darüber hinaus vermehrfacht sich der Gehalt an Spurenelementen und Vitaminen.

✳ Samen lagern

Getreidekörner, Hülsenfruchtsamen und andere Samen können aufgrund ihres niedrigen Wassergehalts in der Regel gut gelagert werden. Doch leidet die Keimfähigkeit bei falscher Aufbewahrung. Deshalb die Samen trocken, kühl (aber nicht zu kalt) und luftig lagern und am besten nicht zu

große Mengen kaufen. Wer im Samenhandel kauft, muss darauf achten, dass die Samen nicht chemisch behandelt sind. Besser sind Samen aus dem Bioladen.

✳ Sojabohnenkeimlinge

Die im Handel in frischer oder konservierter Form angebotenen »Sojabohnenkeimlinge« stammen meist von Mung- oder Mungobohnen ab. Achten Sie beim Kauf darauf. Sojabohnen besitzen wesentlich mehr Eiweiß, Fett, Vitamine und Mineralstoffe als Mungbohnen. Dagegen sind Mungbohnenkeimlinge deutlich preiswerter und haben außerdem einen angenehmeren Eigengeschmack. Und darüber hinaus können Mungbohnenkeimlinge roh verzehrt werden, während Sojabohnenkeimlinge 10 bis 15 Minuten erhitzt werden sollten, um das gesundheitsschädigende Phasin zu zerstören.

Rettich-, Luzernen- und Mungbohnenkeimlinge enthalten weniger Nitrat als Keimlinge von Weizen und Sojabohne.

eimlänge	Besonderheit	Verwendung
5 cm	muss im Dunkeln keimen	Salate und Rohkost
e Samen	rasch verzehren, wird bitter	Asien-Küche
bis 2 cm	eiweißreich	Eintöpfe und Salate
ois 2 cm	eiweißreich	Salate
mm bis 3 cm	scharf	Salate und Quark
tspricht der Kornlänge	muss im Dunkeln keimen	Salate und Rohkost
mm bis mehrere cm	pikant, senfartig	Salate, nur in kleinen Mengen
cm	nicht roh verzehren	Salate und Füllungen

Wenn Keimlinge nicht wachsen ...

... kann es daran liegen, dass das Keimgefäß verunreinigt ist, die Samen zu alt sind oder zu wenig Wasser im Gefäß ist, die Temperatur nicht stimmt oder die Samen nicht regelmäßig gespült werden und schlecht belüftet sind.

Getreide, Brot & Backwaren

Ob zum kleinen Imbiss am Nachmittag oder als aufwändiges Meisterwerk auf der großen Kaffeetafel – Kuchen, Torten und anderes Gebäck kommen immer gut an.

Keine Sorge, wenn Sie keine geübte »Backfachfrau« sind: Kuchen, Brot und anderes Gebäck gelingen Ihnen auch ohne viel Backerfahrung – Sie müssen lediglich einige wenige Grundregeln beachten.

ALLGEMEINES ZUM BACKEN

AUSGEBACKENES

❋ Fett zum Ausbacken
Beim Ausbacken von Gebäck in Fett darauf achten, dass das Backfett nicht mehr hörbar siedet, wenn Sie das Gebäck hineingeben. Dann nimmt das Backgut nicht so viel Fett auf.

Luftiger Eierkuchenteig
Pfannkuchen werden leicht und luftig, wenn man die Hälfte der angegebenen Milchmenge durch Mineralwasser ersetzt. Wer möchte, kann zum Teig eine Messerspitze Backpulver geben, dadurch gehen die Pfannkuchen etwas auf.

❋ Krapfen frittieren
Krapfen, auch Berliner oder Pfannkuchen genannt, werden mit aufgelegtem Deckel frittiert. Vorsicht beim Entfernen des Deckels! Diesen immer waagerecht abheben, damit der kondensierte Wasserdampf nicht ins heiße Fett tropft.

❋ Weniger Fett
Geben Sie dem Teig für Schmalzgebackenes ein wenig Rum zu: So nimmt er beim Frittieren weniger Fett auf.

BACKEN IM OFEN

❋ Anbrennen verhindern
Droht der Kuchen an der Oberfläche anzubrennen, sollten Sie ihn mit Pergamentpapier oder Alufolie abdecken. Dabei zeigt die glänzende Seite der Folie nach oben.

❋ Backofentemperatur
In vielen Backöfen sind die angegebenen Temperaturwerte nicht besonders genau. Wer häufig im Ofen gart, sollte sich deshalb ein spezielles Ofenthermometer zulegen, mit dem Temperaturen bis zu 260 °C gemessen werden können.

❋ Einschubhöhe
Der obere Rand des Gebäcks sollte sich immer auf der mittleren Höhe des Backofens befinden.

❋ Holzstäbchenprobe
Sie zeigt, ob der Kuchen gar ist: Mit einem Holzstäbchen in die

Kuchenmitte stechen. Bleibt kein Teig am Stäbchen haften, ist der Kuchen fertiggebacken. Metallstäbe eignen sich wegen ihrer glatten Oberfläche nicht für die Garprobe.

❋ Kuchen stürzen

Ein Kuchen lässt sich leichter stürzen bzw. aus der Form lösen, wenn man ihn vorher mindestens 10 Minuten abkühlen lässt – er zieht sich nämlich in dieser Zeit ein wenig zusammen.

GETREIDE, NUDELN & REIS
GETREIDE

❋ Grünkern kochen

Grünkern eignet sich als ganzes Korn oder geschrotet als Einlage in Suppen sowie zur Zubereitung von Klößchen und anderen herzhaften Getreidegerichten. Für die

Zubereitung 100 Gramm Grünkern eine Stunde quellen lassen. Dann in 1/4 Liter Wasser etwa eine halbe Stunde lang bei schwacher Hitze kochen. Sie sollten ab und zu die Flüssigkeitsmenge kontrollieren und eventuell etwas Wasser hinzufügen.

❋ Hafer und Hirse

Hafer ist gesundheitlich betrachtet ein Wunderkorn, das zudem auch noch gut schmeckt. Er enthält wertvolles Eiweiß (Protein) und ist außerdem ein guter Eisenlieferant. Da Hafer und auch Hirse kein Klebereiweiß enthalten, eignen sie sich nur in Kombination mit Weizenmehl zum Backen. Und so wird die Hirse gekocht: 500 Gramm Hirsekörner in 1 Liter Wasser aufkochen, einen Brühwürfel dazugeben und bei schwacher Hitze noch etwa 15 Minuten im geschlossenen Topf quellen lassen. Eventuell müssen Sie dann noch etwas Wasser zugeben.

Es lohnt sich bestimmt, neben bekannten Getreidesorten wie Weizen und Roggen auch einmal Rezepte mit Hirse, Hafer oder Grünkern auszuprobieren.

Garen von Getreide

Getreide	Einweichzeit	Garzeit	Nachquellzeit
Buchweizen	keine	5 bis 15 Min.	10 bis 20 Min.
Hirse	keine	5 bis 15 Min.	10 bis 20 Min.
Grünkern	mindestens 3 Std.	20 bis 30 Min.	15 bis 30 Min.
Dinkel	ca. 3 Std.	30 bis 45 Min.	30 bis 45 Min.
Gerste	über Nacht	30 bis 45 Min.	30 bis 60 Min.
Roggen	über Nacht	30 bis 45 Min.	30 bis 60 Min.
Schrot	keine	5 bis 10 Min.	10 bis 20 Min.

Wichtig!

Hirse ist eine beliebte Alternative zu Reis. Genau wie dieser kann die Hirse als Beilage zu Fleisch und Gemüse gegessen werden.

Mehltypen

Weizen-Mehltypen	Gebäck
Type 405 Auszugsmehl	Feingebäck, Kuchen
Type 550	helles Kleingebäck, Brötchen
Type 812	dunkles Kleingebäck
Type 1050	Graubrot
Type 1200	dunkles Graubrot
Type 1600 Hartweizenmehl	italienische Nudeln
Type 1700 Backschrot	Schrotbrot
Type 2000 Vollkorn	Vollkornbrot

Roggen-Mehltypen	Gebäck
Type 610 Auszugsmehl	Feingebäck
Type 815	helleres Feingebäck
Type 997	helle Roggenbrote
Type 1150	Graubrot
Type 1370	Kommissbrot
Type 1590	Mischbrot
Type 1740 Backschrot	Schrotbrot
Type 1800 Backschrot	Schrotbrot

Sauberer Brotbehälter:
Bewahren Sie Ihr Brot in Brotdosen oder ähnlichen Behältern auf, sollten Sie diese mindestens einmal in der Woche säubern. Ein gutes Mittel gegen Schimmelpilze, die sich schnell in Brotbehältern ansiedeln können, ist heißes Essigwasser (ein Teil Essig, neun Teile Wasser).

MEHL

✳ Aufbewahren

Weißes Mehl hält sich kühl, luftig und trocken gelagert etwa 1 Jahr.

✳ Haltbarkeit von Vollkornmehl

Beim Kauf von Vollkornmehl sollten Sie unbedingt auf das Haltbarkeitsdatum achten: Vollkornmehl enthält nämlich mehr Fett als Weißmehl und kann deshalb leicht ranzig werden. Frisch gemahlen hält es sich nur etwa 2 Wochen. Überlagertes Vollkornmehl schmeckt bitter und ranzig.

✳ Mehl lagern

Während der Lagerzeit kann Mehl an Feuchtigkeit verlieren, vor allem, wenn es in warmen Räumen gelagert wird. Beim Backen muss deshalb unter diesen Umständen etwas mehr Flüssigkeit als im Rezept angegeben beigefügt werden. Sonst könnte nämlich der Teig zäh werden oder nicht gut aufgehen.

✳ Mehltype

Die Zahlen der Mehltype geben keinen Hinweis auf den Feinheitsgrad des Mehls, sondern zeigen den Gehalt an Mineralstoffen im

Mehl an: Type 405 enthält beispielsweise 405 Milligramm Mineralstoffe in 100 Gramm Mehl, während ein Mehl mit der Typenbezeichnung 1050 mehr als doppelt so viele wertvolle Mineralstoffe enthält, nämlich 1050 Milligramm pro 100 Gramm Mehl.

❋ Qualitätsmerkmale
Gutes Mehl fühlt sich locker und griffig an. Es hat außerdem einen angenehm frischen, aromatischen Geruch.

❋ Vollkornmehle
Das Quellvermögen von Vollkornmehlen ist größer als das von hoch ausgemahlenen Mehlen. Geben Sie deshalb etwa 15 Prozent mehr Flüssigkeit als im Rezept angegeben zum Teig, wenn Sie Vollkornmehl verwenden. Lassen Sie den Teig außerdem vor der Weiterverarbeitung etwa 1/2 Stunde quellen.

Als Ersatz für Paniermehl können Sie fein zerstoßene Cornflakes, Zwieback, Knäckebrot oder Salzgebäck verwenden.

NUDELN

❋ Zusammenkleben vermeiden
Damit Nudeln beim Kochen nicht aneinander kleben, wird häufig empfohlen, dem Kochwasser etwas Öl zuzugeben. Es genügt aber auch völlig, wenn Sie die Nudeln immer wieder im kochenden Wasser durchrühren.

❋ Nudelteig ausrollen
Besonders leicht lässt sich Nudelteig ausrollen, wenn Sie ihn vor dem Ausrollen 1/2 Stunde unter einer angewärmten Schüssel ruhen lassen.

❋ Nudelsalate
Die Nudeln für Salate sollten Sie unbedingt nach dem Kochen kalt abschrecken, damit sie später im Salat nicht unappetitlich aneinander kleben.

❋ Warme Gerichte
Für warme Gerichte sollten Sie die Nudeln nicht abschrecken, sondern sofort mit der Sauce oder einem Stückchen Butter vermengen. So bleiben die Nudeln schön heiß und verwässern außerdem die Sauce nicht.

❋ Die richtige Würze
Nudelgerichte schmecken pikanter, wenn Sie dem Nudelwasser etwas Brühe zugeben, bevor Sie die Nudeln kochen.

Bei den Typenbezeichnungen des Mehls gilt: Je höher die Type, umso mehr wertvolle Inhaltsstoffe sind im Mehl erhalten.

Wichtig!

Nudeln stets in reichlich Salzwasser kochen – pro 100 Gramm Nudeln rechnet man 1 Liter Wasser. Lassen Sie die Nudeln im offenen Topf sprudelnd kochen, bis sie bissfest sind.

Nudeln

Nudelart	Beschreibung
Langware	Sammelbegriff für alle draht- oder röhrenförmigen Nudeln (auch Cannelloni) – sie schmecken zu Fleischragouts, Gemüse und Saucen.
Gemüsenudeln	Flache Nudeln für Eintöpfe, als Auflage oder Beilage.
Suppennudeln	Kleine Teigwaren mit kurzer Garzeit.
Bandnudeln	Es gibt schmale und breite, oft grün oder rot; als Beilage.
Cannelloni	Röhrennudeln, die beispielsweise mit Fleischragout gefüllt werden.
Lasagne	Mit Sauce geschichtete Teigplatten, die im Ofen überbacken werden.
Maultaschen	Nudelteig mit einer Hackfleisch-Spinat-Farce oder einer anderen Füllung.
Spätzle	Aus eierreichem Nudelteig zubereitet, werden sie vom Kochbrett ins Wasser geschabt.
Vollkornnudeln	Aus Weizenvollkornmehl hergestellte, braune Nudeln mit nussigem Geschmack.

Wichtig!

Um den Reis zu garen, bringen Sie ihn mit der doppelten Menge Wasser zum Kochen. Salzen und im geschlossenen Topf etwa 20 Minuten lang bei mittlerer Hitze ausquellen lassen. danach den Deckel abnehmen, so dass das ganze Wasser verdampfen kann. Den Reis mit einer Gabel auflockern, einige Butterflöckchen unterheben und servieren.

REIS

✳ Aufbewahren
Ungeschälter Reis braucht eine trockene und luftige Umgebung. Nicht in der Nähe geruchsintensiver Lebensmittel lagern, weil er rasch andere Aromen annimmt.

✳ Aufwärmen
Den Reis in einem feinmaschigen Sieb über Wasserdampf kurz aufwärmen. Tiefgekühlter Reis taut so besonders schnell auf.

✳ Gekochten Reis aufbewahren
Er hält sich im Kühlschrank bis zu einer Woche, in der Tiefkühltruhe bis zu einem halben Jahr.

✳ Haltbarkeit
Naturreis können Sie etwa ein halbes Jahr aufbewahren. Parboiled Reis hält sich sogar ungefähr drei Jahre lang.

✳ Körniger Milchreis
Milchreis wird nicht pappig, wenn man ihn drei Minuten lang in leicht gesalzenem Wasser vorkocht. Dann abgießen und in Milch fertiggaren.

✳ Lockerer Milchreis
Besonders duftig und locker wird der Milchreis, wenn man etwas Eischnee oder ein wenig geschlagene Sahne unter den abgekühlten Reis hebt.

✳ Naturreis

Brauner, ungeschälter Reis sollte nicht länger als ein halbes Jahr gelagert werden, denn sonst wird er ranzig. Wenn Sie den Reis gekocht haben, bewahren Sie ihn im Kühlschrank auf: Hier hält er sich noch ungefähr drei Tage.

✳ Qualitätsmerkmale

Beim Einkauf sollten Sie unbedingt darauf achten, dass die Reiskörner nicht beschädigt oder zerbrochen sind. Qualitativ hochwertiger Reis muss außerdem absolut trocken sein.

✳ Reis warm halten

Wird Reis nicht sofort serviert, nachdem er fertig gegart ist, klebt er zusammen und verliert seine Körnigkeit. Das geschieht, weil der aufsteigende Dampf am Topfdeckel kondensiert und dann auf den Reis tropft. Um das zu vermeiden, legen Sie zwischen den Topfdeckel und den Topfrand ein Küchenpapier oder ein Küchentuch. Nun können Sie getrost warten, bis der Reis serviert werden kann. Der aufsteigende Dampf wird jetzt nämlich vom Tuch aufgefangen.

✳ Überkochen vermeiden

Damit der Reis nicht überkocht, hilft es, wenn Sie dem Kochwasser vorher ein kleines Stück Butter zugeben.

✳ Würzen

Reis nimmt – sofern er nicht in Beuteln gekocht wird – schon beim Garen sehr gut Gewürze und Aromen an! Kochen Sie ihn deshalb nicht nur im üblichen Salzwasser. Versuchen Sie statt dessen einmal einen in Brühe, Tomatensaft oder einem Wasser-Wein-Gemisch gekochten Reis.

Risotto zubereiten

1 Zwiebel (gewürfelt)

1 Knoblauchzehe (gewürfelt)

80 g Butter • 400 g Reis

1/8 l trockener Weißwein

1 l Fleischbrühe • 100 g Parmesankäse

1. Zwiebel und Knoblauchzehe in etwa 30 Gramm Butter andünsten, Rundkornreis zugeben. 2 Minuten glasig dünsten.

2. 1/8 Liter trockenen Weißwein zugeben, aufkochen lassen. Nach und nach mit 1 Liter kochender Fleischbrühe auffüllen, aufkochen lassen, nach 2 Minuten die Hitze reduzieren.

3. Etwa 1/4 Stunde quellen lassen, zwischendurch immer wieder umrühren. Mit 50 Gramm Butter und 100 Gramm Parmesan vermischen.

Ein gut zubereitetes Risotto ist mehr als nur einfach »etwas Reis«. Hier finden Sie ein Rezept, das es Ihnen einfach macht.

Nudeln und Reis, rasch verfügbar:

Gekochte Nudeln oder Reis können Sie in Gefrierbeuteln oder -dosen einfrieren. Bei Bedarf sind die eingefrorenen Vorräte in wenigen Minuten in kochendem Salzwasser aufgetaut und können mit entsprechender Beilage sofort serviert werden.

BROT
& BRÖTCHEN

BROT

✳ Altbackenes Weißbrot

Nicht mehr ganz frisches Brot
können Sie mit Wasser oder Milch
einstreichen, in Alufolie wickeln
und so bei mittlerer Hitze für
zehn Minuten in den Backofen
geben. Ist das Brot danach schön
weich und lässt sich eindrücken,
schmeckt es wieder wie frisch.

✳ Aufbewahren

Damit Brot lange frisch und saftig
bleibt, lagern Sie es möglichst
luftdicht, z. B. in einem Steingut-
oder Tontopf ohne Luftloch oder
Schlitze. Wichtig ist, dass der
Deckel des Gefäßes dicht schließt.

✳ Aufgeschnittenes Brot frisch halten

Aufgeschnittenes Brot trocknet
nicht aus, wenn Sie es in ein Tuch
oder auch in spezielles Brotpapier
einwickeln.

✳ Aufgetautes Brot

Es wird relativ schnell hart und
sollte daher so bald wie möglich
gegessen werden.

✳ Einfrieren

Frieren Sie Ihr Brot ein, wenn es
ganz frisch, aber vollständig aus-
gekühlt ist, dann schmeckt es nach

*Knusprige
Brotkruste:
Die Brotkruste wird
richtig schön kross,
wenn Sie sie wäh-
rend des Backens
immer wieder mit
Wasser bestreichen.
Mögen Sie sie lieber
etwas weicher, strei-
chen Sie beim
Backen statt des
Wassers Sahne,
Milch oder flüssige
Butter über das Brot.*

dem Auftauen am besten. Einmal
aufgetaut sollten Sie es allerdings
nicht noch einmal einfrieren!

✳ Feuchtes Knäckebrot

Im Backofen oder im Toaster wird
feuchtes Knäckebrot wieder
trocken und knackig.

✳ Frischhalten

Legen Sie eine geschälte Kartoffel
in den Brotkasten. So bleibt alles
länger frisch.

✳ Knäckebrot aufbewahren

Lagern Sie Knäckebrot immer gut
verschlossen und getrennt von
anderem Brot, denn es nimmt
leicht die Feuchtigkeit auf und
wird dadurch weich.

✳ Rasches Auftauen

Wenn Sie keine Zeit haben, das
Auftauen Ihres Tiefkühlbrotes
abzuwarten, können Sie auch mit
dem Backofen »nachhelfen«. Stellen
Sie jedoch einen Topf Wasser mit
zu dem Gebäck in den Ofen.

BRÖTCHEN

✳ Brötchen und Teilchen vom Vortag

Bestreichen Sie die vom Vortag
übrig gebliebenen Backwaren
großzügig mit einer Mischung aus
Milch und Wasser, und backen Sie
sie etwa zehn Minuten lang im
Backofen bei etwa 150 °C auf.

BROTTEIG-GRUNDREZEPTE

Weizenbrot

500 g Mehl (Type 550) • 20 g Hefe (1/2 Würfel)
1 Prise Zucker • 3/8 l lauwarmes Wasser
1 TL Salz

1. 5 EL Mehl, zerbröckelte Hefe, Zucker und bis zu 3/8 l Wasser in einer Schüssel verrühren. An einem warmen Ort 1/2 Std. gehen lassen.

2. Das restliche Mehl mit dem Salz vermischt darüber sieben, alles zu einem festen Teig verkneten. Zu einer Kugel geformt nochmals 1/2 Std. gehen lassen.

3. Den Teig erneut durchkneten und zu einem länglichen Laib formen. Die Oberfläche mit Wasser bestreichen und mit einem Messer einschneiden.

4. In einer Kastenform bei 200 Grad etwa 1 Std. backen

Ansatz für Sauerteig

10 g Hefe (1/4 Würfel)
1/4 l handwarmes Wasser
150 g Roggenbackschrot (Type 1800)

1. Hefe in eine Schüssel bröckeln. Wasser hinzugeben und die Hefe darin auflösen.

2. Dann das Mehl zugeben und alles gut miteinander vermengen.

3. Der Sauerteigansatz muss zugedeckt drei Tage bei Zimmertemperatur ruhen.

Extratipp:

Sauerteig kann man auch schon fertig kaufen. Wer häufig bäckt, sollte sich vom fertigen Teig stets ein kleines Stück aufheben und im Kühlschrank aufbewahren. Beim nächsten Backen wird es dem neuen Teig zugesetzt – dadurch geht der Teig schneller auf.

✳ **Glänzende Brötchen**
Brot und Brötchen werden beim Backen schön glänzend, wenn sie vorher mit etwas Eigelb bestrichen werden.

✳ **Knusprige Brötchen**
Eine Tasse Wasser mit im Backofen macht Brot und Brötchen besonders knusprig. Ein anderer Tipp für selbst gebackene Knusperbröt-chen: Streichen Sie die Oberfläche des Brotes vor dem Backen mit etwas Öl ein.

✳ **Selber backen**
Die selbst gebackenen Brötchen schmecken mit niedrig ausgemahlenen, dunkleren Mehlen besonders kräftig. Verwenden Sie am besten Mehl der Typen 1050 oder 1600 dafür.

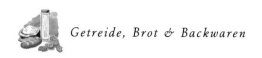

Spezialbrote

Baguette
Die langen französischen Stangenweißbrote haben eine besonders knusprige Kruste und eine lockere, großporige Krume. Man muss sie schnell verzehren, denn sie trocknen rasch aus.

Buttermilchbrot
Ein Weizenmischbrot, dem man auf 100 Kilo Mehl mindestens 15 Liter Buttermilch zufügt.

Gewürzbrote
Diese Brote werden mit würzigen Zusätzen gebacken, vor allem mit Kümmel, Sesam, Zwiebeln oder Leinsamen, aber auch mit anderen Gewürzen. Das Aroma muss deutlich zu schmecken sein.

Grahambrot
Dieses Vollkornbrot aus geschrotetem Weizen wurde nach einem amerikanischen Arzt benannt. Im Originalrezept wird es ohne Salz und Hefe gebacken.

Knäckebrot
Das Fladenbrot aus Skandinavien ist sehr lange haltbar und enthält sehr viele Ballaststoffe. Es besteht fast nur aus Kruste und wird aus Roggen und Weizen kurz und heiß gebacken. Dann trocknet man es, bis der Wassergehalt auf 5 Prozent gesunken ist.

Nussbrot
Ein Mischbrot mit einem Anteil an Wal- oder Haselnüssen.

Pumpernickel
Das ist eine Spezialität aus Westfalen, aus Roggenschrot gebacken. Die Besonderheit ist das Backverfahren: mindestens 16 Stunden in einem geschlossenen Kasten bei niedriger Temperatur.

Rheinisches Schwarzbrot
Das ovale Vollkornbrot aus Roggen wird in Kästen gebacken. In den Teig werden ganze Getreidekörner eingestreut.

Rosinenbrot
Ein Hefebrot, überwiegend aus Weizenmehl, das mindestens 15 Prozent Rosinen, Sultaninen oder Korinthen enthalten muss.

Sechskornbrot
Weizen- und Roggenschrotbrot, dem sechs verschiedene Körnerarten beigefügt werden (meist Roggen, Hafer, Gerste, Hirse, Leinsamen und Sesam).

Steinmetzbrot
Ein Brot aus vollem Weizen- oder Roggenkorn; die Körner werden von der Außenschale befreit, der wertvolle Keim bleibt erhalten.

Steinofenbrot
Das deftige Bauern- oder Landbrot wird auf heißen Natur- oder Kunststeinplatten gebacken.

Toastbrot
Ein feinporiges, helles Weizenbrot, dessen Teig mit Fett, Milch und Zucker angesetzt wird, um eine besonders feine Krume zu erzielen. Toastbrot entfaltet erst beim Rösten seinen vollen Geschmack.

Weizenkeimbrot
Das Brot enthält mindestens 10 Prozent wertvolle, fetthaltige Weizenkeime (bei anderen Broten nur 2 bis 3 Prozent).

TEIGE ZUBEREITEN

✻ Gehzeit beschleunigen

Brötchen- und Brotteig gehen
schneller auf, wenn man die Teigschüssel dazu in den auf 50 °C
vorgeheizten Backofen stellt.

✻ Schneller backen

Bevor es ans Teigkneten geht, können Sie das Mehl auf einem tiefen
Teller oder in der Schüssel für
einige Minuten erwärmen. Das
geht am besten im Backofen bei
etwa 80 °C.

✻ Wartezeit

Den fertig geformten Teig nicht
länger als drei bis vier Stunden
auf das Backen warten lassen – er
fällt sonst zusammen.

BACKWAREN

BISKUITTEIG

✻ Einfrieren

Die fertig gebackenen Böden lassen sich hervorragend in der Tiefkühltruhe lagern. Verpacken Sie
den gebackenen Kuchen gut aus-
gekühlt in Alufolie. Am besten
bei Zimmertemperatur auftauen,
dann bleibt er schön saftig.

✻ Fertiger Biskuitteig

Der Biskuit ist durchgebacken,
wenn er sich vom Formrand löst.

✻ Luftiger Biskuit

Vor der Zubereitung des Biskuit-
teigs sollten Sie die Eier in warmem Wasser etwas vorwärmen.
Auf diese Weise wird das Backer-
gebnis ganz besonders duftig und
locker.

BLÄTTERTEIG

✻ Backblech vorbereiten

Das Backblech, auf dem der Blätterteig im Ofen gebacken werden
soll, besser nicht fetten, sondern
stattdessen lediglich mit Wasser
benetzen. Ebenso verfahren Sie,
wenn Sie den Blätterteig in einer
Form backen.

✻ Einfrieren

Blätterteig grundsätzlich »roh«,
also ungebacken einfrieren.

✻ Kneten

Ideal zum Arbeiten ist eine Mar-
morplatte: Sie hält den Teig stets
schön kühl.

*Wenn man nur den Backformboden, nicht
den Rand einfettet, löst sich der Kuchen
nach dem Backen besser aus der Form.*

*Statt das Back-
blech einzufetten,
können Sie es auch
mit Backpapier
auslegen. Das
Blech an den
Ecken etwas
einfetten, damit
das Papier besser
haften bleibt.*

> **Wichtig!**
>
> *Geben Sie in
> süßen Teig –
> etwa für Torten,
> Kuchen oder
> Plätzchen – stets
> auch eine kleine
> Prise Salz.
> Dadurch wird
> der Geschmack
> des Gebäcks
> unterstützt.*

Brandteig hat seinen Namen deshalb erhalten, weil der Teig vor dem Backen »abgebrannt« wird. Fett, Wasser und Mehl werden dabei so lange erhitzt, bis sich ein dicker Kloß gebildet hat.

BRANDTEIG

✳ Brandteigböden

Für Brandteigböden streicht man die Masse flach auf den Boden einer Springform oder auf das Backblech.

✳ Einfrieren

Man kann Brandteig roh einfrieren – so hält er sich fast ein Jahr! Besser ist es jedoch, das fertige Gebäck einzufrieren. Es lässt sich bei Zimmertemperatur jederzeit schnell wieder auftauen.

✳ Formen

Da Brandteig sehr weich ist, lässt er sich nicht mit der Hand formen. Man sticht ihn mit dem Löffel ab und setzt kleine Häufchen auf das Blech, oder man spritzt den Teig mit einem so genannten Dressierbeutel darauf.

✳ Teig herstellen

Brandteig muss zügig – wie im Rezept auf Seite 79 beschrieben – zubereitet werden. Deshalb sollten Sie alle Zutaten vorher genau abwiegen und bereitstellen.

HEFETEIG

✳ Aufbewahren

Man kann Hefeteig gut einen Tag im Kühlschrank aufheben. In der Tiefkühltruhe hält er sich bis zu fünf Monate.

Das Backblech vorbereiten:
Wenn Sie das Backblech für Ihren Brandteig nicht mit Butter einstreichen möchten, können Sie es stattdessen auch einmehlen oder mit Wasser besprengen.

✳ Braucht Zeit

Wenn Sie Hefeteig drei- bis viermal gehen lassen und ihn zwischendurch immer wieder kräftig zusammenkneten, wird das Gebäck besonders locker und feinporig.

✳ Einfrieren

Frisch schmeckt Hefegebäck natürlich unbestritten am besten. Man kann das Gebäck allerdings auch lauwarm einfrieren. Später können Sie es bei Zimmertemperatur auftauen und brauchen es nur noch im heißen Backofen zu erwärmen.

✳ Hefekuchen mit Kruste

Damit die Kruste schön knusprig wird, den Hefekuchen nicht auf dem Blech abkühlen lassen, sondern auf dem Kuchengitter.

✳ Ganze Stücke

Großen Blechkuchen am besten schon vor dem Herunterheben vom Blech in Portionsstücke schneiden, so zerbricht er nicht.

✳ Hefetest

Um festzustellen, ob die Hefe noch frisch und aktiv ist, geben Sie ein kleines Stück davon in heißes Wasser. Steigt sie sofort nach oben, ist sie noch voll treibfähig.

✳ Mürbe Streusel

Wenn Sie den Streuselkuchen direkt nach dem Backen mit ein

wenig kaltem Wasser besprühen, werden die Streusel ganz besonders mürbe.

✳ Teig herstellen

Beim Hefeteig kommt es nicht nur auf die genauen Zutaten an, sondern vor allem auf die exakte Backtemperatur. Schon ganz geringe Abweichungen lassen nämlich die Hefe »absterben« – der Teig geht dann nicht auf. Salz, Butter und Zucker darf man nie direkt auf die Hefe geben – das würde ihr Wachstum verlangsamen, der Teig geht dann langsamer auf.

MÜRBETEIG

✳ Klebriger Teig

Er lässt sich nicht mit dem Hinzufügen von noch mehr Mehl »retten«. Besser: Den Teig nochmals mit dem Messer durchhacken und diese groben Brösel dann neu kneten.

✳ Kneten mit kalten Händen

Für Kuchen mit saftiger Füllung wird der Mürbeteigboden blindgebacken. Den Teig dazu in die Backform füllen, Backpapier darüber legen und mit getrockneten Hülsenfrüchten beschweren.

Wichtig beim Teigkneten: Die Hände sollten kühl sein. Am besten vorher mit kaltem Wasser abspülen.

✳ Knuspriger Teig

Je mehr Zucker der Teig enthält, desto knuspriger wird das Gebäck. Ein anderer Trick, um den Teig schön knusprig zu machen: Bei den Zutaten 15 Milliliter Wasser, das ist etwa ein Esslöffel, durch die gleiche Menge Essigessenz ersetzen.

✳ Lagern

Im Kühlschrank hält sich Mürbeteig gut eine Woche. Man kann ihn in Folie einfrieren, sollte ihn allerdings zum Auftauen in den Kühlschrank legen.

KÄSEKUCHEN

✳ Glänzende Oberfläche

Den Käsekuchen etwa zehn Minuten vor Ende der Backzeit mit etwas gezuckerter Milch bestreichen, dann wird die Oberfläche besonders glänzend.

✳ Standfester Kuchen

Die Kuchenoberfläche zehn Minuten vor Backzeitende mit einer feinzinkigen Gabel mehrmals einstechen: Auf diese Weise fällt der Käsekuchen beim Erkalten nicht zusammen.

Mürbeteig kann man sehr einfach herstellen. Man braucht auch nicht allzu viel Zeit – lediglich eine »Ruhepause«, um den Teig kalt zu stellen, sollte man einplanen.

Wichtig!

Auch wenn der Käsekuchen noch so lecker ist: Er wirkt einfach nicht mehr so richtig appetitlich, wenn die Füllung beim Anschneiden herausfließt. Deshalb lassen Sie ihn nach dem Backen unbedingt erst sehr gut auskühlen, bevor Sie ihn anschneiden.

TEIG-GRUNDREZEPTE

Biskuitteig
für 1 Springform (26 cm Durchmesser)

6 Eier • 175 g Zucker
125 g Mehl • 75 g Speisestärke

Die Springform fetten. Die Eier trennen, Eigelb und Eiweiß in je eine Schüssel geben. 125 g Zucker und Eigelbe mit 2 EL warmem Wasser cremig schlagen. Eiweiß mit 1 Prise Salz steif schlagen. Mehl und Speisestärke auf den Eischnee sieben. Dann alles vorsichtig unter die Eigelbcreme heben. Biskuitmasse in die Form füllen, glatt streichen. Im auf 180 °C vorgeheizten Ofen etwa 35 Minuten backen. Kuchen herausnehmen, einige Minuten in der Form ruhen lassen, dann den Rand der Form vorsichtig lösen. Auf einen Kuchenrost stürzen und mindestens 1 Stunde auskühlen lassen.

Blätterteig
Zutaten für 1250 g

500 g Mehl • 50 g zimmerwarme Butter
1 TL Salz • 2 EL Essig • 3/8 l Wasser
500 g gekühlte Butter

Mehl in eine große Schüssel sieben, die warme Butter hinzufügen. Mehl und Fett grob zerkrümeln, Salz und Essig zugeben. Wasser langsam angießen. Alle Zutaten mit der Hand zu einem festen Teig verkneten. Zur Kugel formen. In Folie gepackt kalt

stellen. Die gekühlte Butter zwischen Folie zu einem gleichmäßigen Rechteck formen. Teig ebenfalls rechteckig ausrollen, Butterstück aufsetzen. Teig über der Butter zusammenschlagen, Ränder gut andrücken. Teig mit Butter zu einem schmalen Rechteck ausrollen, in 3 Schichten zusammenklappen, wieder ausrollen. Noch 3 Mal zusammenfalten, dann 10 Minuten kühl stellen. Teig mit Mehl bestäuben und wieder ausrollen, wieder 3 Mal zusammenfalten. Für einen Tortenboden 300 g Teig etwa 3 mm dick ausrollen. Teig »entspannen« – an den Ecken hochheben. Die Form auf den Teig setzen und diesen zuschneiden. Backblech mit Wasser einpinseln, ausgeschnittene Teigplatte darauf geben und einige Male einstechen. 1 Stunde ruhen lassen. Dann im auf 225 °C vorgeheizten Ofen 15 Minuten backen, bis der Teig goldbraun ist. Auskühlen lassen.

Brandteig
für 12 Windbeutel

1/4 l Wasser • 1/4 TL Salz • 100 g Butter
150 g Mehl • 4 Eier

Wasser in einem großen Topf aufkochen und salzen, Butter zugeben und schmelzen. Mehl auf einmal (Sonst gibt es Klümpchen!) unter ständigem Rühren ins Wasser schütten. Rühren, bis sich ein Klumpen bildet, diesen 2 Minuten unter weiterem Rühren

»abbrennen«. Teig in eine Rührschüssel umfüllen, die Eier einzeln unterrühren. Backblech mit Butter einstreichen. Teig mit einem Spritzbeutel aufs Blech spritzen. Im auf 200 °C vorgeheizten Ofen backen. (Für 12 Windbeutel etwa 20 Minuten.) Aufschneiden und auskühlen lassen.

Hefeteig
für 1 Backblech

500 g Mehl • gut 1/4 l lauwarme Milch
1 Würfel Hefe • 60 g Zucker • 1 Prise Salz
2 Eier • 50 g Butter
für Zuckerkuchen noch 50 g Butter, 40 g Zucker

Mehl in große Schüssel sieben. Milch ein wenig erwärmen, Hefe in die lauwarme Milch bröckeln, 4 EL Mehl zufügen. Alles zu einem dicken Brei verrühren. Eine Prise Zucker zugeben, 1/4 Stunde unter einem Tuch gehen lassen. Inzwischen Mehl mit Zucker und Salz mischen, eine Mulde hineindrücken, die aufgeschlagenen Eier hineingleiten lassen. Butter in Flöckchen obenauf geben. Hefemilch zugeben und alles mit den Händen zu einem glatten Teig verarbeiten. Mit einem Tuch zugedeckt etwa 1 Stunde gehen lassen. Nochmals durchkneten, vorsichtig ausrollen. Auf dem Backblech ausbreiten und – für Zuckerkuchen – mit Butterflöckchen belegen. Nochmals 1/4 Sunde gehen lassen, Oberfläche mit Zucker bestreuen. Im auf 180–200 °C vorgeheizten Backofen etwa 20 Minuten backen. Auskühlen lassen.

Mürbeteig
für 1 Springform (26 cm Durchmesser)

300 g Mehl • 100 g Zucker
200 g gut gekühlte Butter • 1 Ei

Mehl auf Arbeitsfläche sieben, etwas aufhäufeln. Eine Mulde formen, Zucker und Ei hineingeben. Butter in Stücken auf dem Mehlrand verteilen. Alles mit dem Messer gründlich durchhacken. Die entstandenen Brösel mit den Händen rasch verkneten. Teig zur Kugel formen, in Folie eingeschlagen kalt stellen. Backblech fetten und mit Mehl bestäuben. Teig ebenfalls bestäuben, nochmals kneten. Weiter nach Rezept.

Rührteig
für eine Kastenform von 1,5 l Inhalt

300 g Butter • 300 g Zucker • 4–5 Eier
300 g Mehl • 1 TL Backpulver
Butter zum Einfetten und Mehl zum Bestäuben

Backform dünn mit Butter auspinseln und mit Mehl bestäuben. Butter schaumig schlagen. 2/3 des Zuckers unter Rühren zugeben und auflösen. Eier trennen: Eigelb zur Butter geben und aufschlagen. Mehl mit Backpulver darüber sieben, untermischen. Eiweiß steif schlagen, restlichen Zucker zugeben. Eischnee nach und nach unter den Teig heben. In die Form füllen und im auf 180 bis 200 °C vorgeheizten Ofen etwa 1 Stunde backen. Den Kuchen auf einen Rost stürzen und etwa 1 Stunde. auskühlen lassen.

Das erste Blech mit Plätzchen bleibt sicher länger im Ofen als die folgenden, denn dieser ist später schon richtig durchgewärmt, und das Backen dauert nicht mehr so lange.

KLEINGEBÄCK

❋ Altbackene Plätzchen

Sie werden wieder knusprig, wenn sie im 220 °C heißen Backofen einige Minuten, je nach Größe und Dicke, aufgebacken werden. Dies gilt allerdings nur für einfache Plätzchen und Kräcker ohne Glasur oder Schokoladenfüllung.

❋ Aufbewahren

Mischen Sie Ihre Weihnachtsplätzchen besser nicht durcheinander – das könnte den Geschmack der einzelnen Sorten beeinträchtigen. Jede Plätzchensorte sollte deshalb in einer extra Dose aufbewahrt werden.

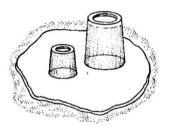

Fehlen runde Förmchen zum Ausstechen des Gebäcks, einfach umgedrehte Gläser in der entsprechenden Größe verwenden.

❋ Backblech vorbereiten

Weihnachtsgebäck bekommt ein herrliches Aroma, wenn Sie das Backblech mit Bienenwachs einreiben, bevor Sie die Plätzchen darauf legen. Dazu das Blech vorher im Backofen erwärmen.

Lockerer Teig: Kuchen- oder Plätzchenteig enthält oft viele Eier und reichlich Fett. Wird der Teig dadurch zu fest, ersetzen Sie die Hälfte des Mehls durch Stärkemehl – so wird der Teig lockerer.

Backpulver-Ersatz

Wenn Ihnen das Backpulver ausgegangen ist, können Sie es zur Not durch einen Schuss guten Alkohol wie Kognak oder Rum ersetzen. Damit kann auch der Kuchenteig verfeinert werden. Übrigens: Der Alkohol verfliegt in der Hitze des Backofens, Kinder können diese Kekse also auch naschen.

❋ Buttergebäck aufbewahren

Fettreiches Buttergebäck sollte nach spätestens vier Wochen aufgegessen sein. Wird es noch länger aufbewahrt, leidet nämlich der Geschmack.

❋ Dosen auslegen

Legen Sie den Boden Ihrer Plätzchendose mit Papier aus. Hier können Sie ein wenig sparen: Verwenden Sie ruhig gebrauchtes Backpapier: Einfach passend zuschneiden und in die Dose einlegen.

❋ Eiergröße

Bei Eiern kaufen Sie am besten die mittlere Größe, Gewichtsklasse M, damit die Zutatenmengen übereinstimmen.

❋ Fettarme Plätzchen lagern

Plätzchen mit wenig Fettgehalt schmecken frisch gebacken am besten. Wenn man sie längere Zeit aufbewahrt, trocknen sie nämlich leicht aus. Ist das doch einmal passiert, legen Sie ein Stückchen

Apfel in die Dose mit hinein, dadurch werden harte, trockene Plätzchen wieder weich.

❋ Hartes Gebäck lagern

Harte Lebkuchen, Pfeffernüsse oder Thorner Kathrinchen sollten Sie vor dem Verzehren mindestens eine Woche lang in gut verschlossenen Blechdosen aufbewahren, in die Sie einen Apfelschnitz mit hineinlegen. So wird das Gebäck weich, und die Aromen können gut durchziehen.

❋ Kein Auseinanderlaufen

Plätzchenteig läuft auf dem Blech nicht mehr auseinander, wenn die Backbleche vor dem Belegen gut durchgekühlt werden. Schieben Sie deshalb die Backbleche eine halbe Stunde vor dem Belegen in den Kühlschrank. Ist es draußen kalt genug, können Sie sie statt dessen auch einfach auf den Balkon stellen.

❋ Lagerung

Das Gebäck nicht sofort nach dem Backen in die Dose geben, sondern erst vollkommen auskühlen lassen.

❋ Stark gewürztes Gebäck lagern

Stark gewürztes Gebäck und Christstollen benötigen mindestens eine Woche Lagerung, bis sich das volle Aroma entwickelt hat. Problemlos kann man sie aber auch länger lagern – vorausgesetzt, sie sind in einer gut verschlossenen Dose untergebracht.

❋ Teig ausrollen

Den Plätzchenteig sollten Sie immer möglichst gleichmäßig dick ausrollen. Sonst werden die Plätzchen unterschiedlich braun.

❋ Zu wenig Backbleche

Wer kennt das nicht: Gerade in der Vorweihnachtszeit, wo es ans Plätzchenbacken geht, hat man oft gar nicht genug Backbleche, um alle fertiggestellten Plätzchen »unterzubringen«. Hier die Lösung: Backtrennpapier in Blechgröße zuschneiden und die restlichen noch ungebackenen Plätzchen darauf legen. Wird ein Blech frei, das Papier mit den rohen Plätzchen vorsichtig auf das abgekühlte Blech heben und sie backen.

RÜHRTEIG

❋ Fester Teig

Alle Zutaten zusammen kurz verrühren: Das macht den Kuchen saftig, schwer und fest.

❋ Herstellen

Sämtliche Zutaten lassen sich zimmerwarm am besten verarbeiten. Deshalb sollte man sie mindestens eine Stunde vor dem Kuchenbacken aus dem Kühlschrank nehmen. Eier werden zimmerwarm,

Alle Zutaten für den Rührkuchen sollten dieselbe Temperatur haben – deshalb alles schon rechtzeitig bereitstellen und auch die Butter früh genug aus dem Kühlschrank nehmen.

Wichtig!

Angeschnittenen Kuchen halten Sie frisch, indem Sie ihn fest in Frischhaltefolie einwickeln und kühl stellen.

wenn man sie kurz in warmes Wasser legt. Butter erwärmt sich neben der Heizung oder in der Mikrowelle (250 Gramm brauchen bei 550 Watt etwa eine Minute) rasch.

✳ Mehl im Teig – besser kneten

Nach der Zugabe des Mehls sollten Sie den Teig nicht mehr rühren, sonst wird er klebrig. Das Mehl deshalb vorsichtig gleichmäßig unterheben.

✳ Luftiger Teig

Erst das Eigelb mit dem Zucker schaumig schlagen, dann die Butter unterrühren – so entsteht ein besonders luftiger, hochsteigender Kuchen.

✳ Rührteigkuchen mit Kruste

Die Form nach dem Einfetten mit gemahlenen Nüssen, Zwiebackbröseln oder zarten Getreideflocken statt mit Mehl ausstreuen.

✳ Zarter Teig

Erst Butter und Zucker schaumig schlagen, dann Eigelb unterrühren – das ergibt einen feinporigen und zarten Kuchen.

TEIGE ZUBEREITEN

✳ Eier fehlen

Ein fehlendes Ei lässt sich durch fünf Milliliter – das ist ein Teelöffel – Essig ersetzen.

Makronen und Baisers:
Lassen Sie Makronen und Baisers nach dem Backen vollkommen erkalten. So lassen sie sich ganz leicht vom Backblech lösen.

✳ Eigelb schaumig schlagen

Wenn Sie laut Rezept das Eigelb schaumig schlagen sollen, fügen Sie einige Tropfen Essig hinzu: So geht es besser, und auch der Teig wird dann viel lockerer.

TORTEN UND VERZIERUNGEN

✳ Aprikotieren

Vor dem Glasieren wird der Kuchen dünn mit Aprikosenmarmelade bestrichen. Das Aprikotieren verhindert, dass Glasuren in den Teig einsinken.

✳ Glänzende Glasuren

Fügen Sie der Glasurmasse etwas Kokosfett zu – so glänzt sie besonders schön. Soll die Glasur außerdem gut decken, geben Sie etwas geschlagenes Eiweiß dazu.

✳ Glasur: So verläuft nichts

Bestreut man den Kuchen vor dem Glasieren mit Puderzucker, kann die Glasur nicht herunterlaufen.

✳ Einfrieren verzierter Torten

Torten mit Verzierungen aus Sahne oder Creme friert man erst einige Stunden ohne Verpackung ein und verpackt sie erst anschließend. So wird die hübsche Garnierung nicht zerstört.

✳ Marzipan um Torte hüllen

Möchten Sie eine festliche Torte

mit Marzipan umhüllen, verfahren Sie so: Die Marzipanrohmasse (Menge wie im Rezept angegeben) mit Puderzucker verkneten. Das Ganze zu einer Platte ausrollen, die größer als der Durchmesser der Torte ist. Die Marzipanplatte um ein Nudelholz wickeln und dann über der Torte wieder abrollen. Fest auf der Torte und auch ringsherum andrücken. Nun können Sie die Torte noch nach Belieben verzieren.

✳ Plätzchen und Pralinen mit Glasur überziehen

Jeweils ein Plätzchen oder eine Praline auf eine Gabel legen, in die Glasur eintauchen, herausheben und abtropfen lassen. Zum Trocknen auf ein Stück vorbereitete Alufolie oder Klarsichtfolie in den Kühlschrank legen.

✳ Spiralmuster

Torten und auch feine Desserts erhalten ein interessantes Muster auf der Oberfläche, wenn Sie auf einen hellen, noch flüssigen Guss einen dunklen linienförmig aufspritzen und die Linien mit einem Messer quer miteinander verbinden.

✳ Spritzbeutel ersetzen

Nicht immer hat man Spritzbeutel und Tülle zur Hand, wenn es im Rezept angegeben ist. Helfen Sie sich so: Einen Gefrierbeutel mit der aufzuspritzenden Masse füllen, dann eine Ecke des Beutels mit der Schere abschneiden, und nun die Masse auf das Gebäckstück aufspritzen. Um dünne Linien zu ziehen, schneiden Sie nur eine winzige Ecke des Beutels ab, möchten Sie breite Linien und dicke Verzierungen anbringen, schneiden Sie das Loch entsprechend größer.

✳ Wolkenmuster

Eine raffinierte Oberfläche auf einer Torte oder einem Kuchen entsteht ganz schnell so: Schlagsahne oder eine weiche Creme, wie z. B. Schokoladenmousse, großzügig mit einem Esslöffelrücken auf der Torte verteilen. Anschließend nicht glatt streichen, damit das »wolkige« Muster erhalten bleibt.

✳ Schokoladenblättchen

Sie eignen sich hervorragend zum Verzieren von Kuchen und Desserts und sind ganz leicht selbst hergestellt: Glatte, dicke, essbare Blätter (Lorbeer- oder Zitronenblätter) auf einer Seite mit flüssiger Kuvertüre (hell oder dunkel) bestreichen. Zum Trocknen auf die unbeschichtete Seite legen. Die Blätter erst kurz vor der Verwendung abziehen, bis dahin kühl lagern. Zum Abziehen das Blatt am Stiel fassen und vorsichtig von der Schokolade lösen.

Auch Schokoladenlocken sind eine schöne Dekoration für Selbstgebackenes: Geschmolzene Schokolade auf eine Kuchenplatte streichen und abkühlen lassen. Dann mit einem Metallspatel »abschieben«. Dabei entstehen die dekorativen Locken.

> **Wichtig!**
> *Die Flüssigkeit, die Sie für Glasuren verwenden, muss richtig heiß sein, damit der Zuckerguss optimal auf dem Gebäck haftet.*

Milch, Käse & Eier

Eier und Milchprodukte sind für eine gesunde Ernährung wichtig. Auf den folgenden Seiten erfahren Sie, wie Sie diese Lebensmittel zubereiten und frisch halten können.
Außerdem finden Sie ein paar wichtige Tricks und Tipps, wie Sie zum Beispiel erkennen können, ob Eier wirklich frisch sind, oder wie Sie es vermeiden, dass Ihnen ständig die Milch überkocht.

EIER

✳ Aufbewahren

Eier immer getrennt von stark riechenden Lebensmitteln lagern, denn sie nehmen das fremde Aroma durch ihre poröse Schale auf.

✳ Datumstempel

Tragen die Eier selbst keinen Datumstempel, bewahren Sie zum Kontrollieren des Alters den Karton auf. Grundsätzlich sollte man Eier nicht länger als zwei Wochen lagern. Sind die Eier mit dem Legedatum versehen, können Sie sie von diesem Datum an gerechnet vier bis sechs Wochen kühl lagern.

Auch so können Sie Eier trennen:
Stechen Sie mit einer Stopfnadel in beide Enden des Eies ein Loch. So läuft das Eiweiß heraus, und das Eigelb bleibt in der Schale zurück.

✳ Dottertest

So erkennen Sie, ob das Ei noch frisch ist: Schlägt man ein frisches Ei auf, ist die Dotterkugel hochgewölbt und von einer geleeartigen Dotterhaut umgeben. Beim älteren Ei ist das Dotter flach und das umgebende Eiweiß relativ flüssig.

✳ Eier aufbewahren

Eier lagern Sie am besten im dafür vorgesehenen Eierfach im Kühlschrank mit dem schmalen Ende nach unten.

✳ Eier einfach trennen

Wer nicht so geschickt beim Eiertrennen ist, kann sich mit folgendem Verfahren helfen: Das aufgeschlagene Ei auf einen Teller geben. Ein Glas über das Eigelb stülpen und das Eiweiß einfach vorsichtig abfließen lassen.

So trennen Sie Eier: Einzeln über einem Trichter aufschlagen. Das Eiweiß läuft ab, das Dotter bleibt im Trichter.

❋ Eier rutschen nicht so leicht
Wenn Sie die Eier mit etwas angefeuchteten Fingern anfassen, rutschen sie Ihnen nicht so leicht aus der Hand.

❋ Eigelbreste aufbewahren
Eigelbe lassen sich einige Tage im Kühlschrank aufbewahren, wenn man sie mit etwas Wasser beträufelt und mit Frischhaltefolie abdeckt. So können Sie sie später für Rühreier, Pfannkuchen oder auch für Suppen und Saucen verwenden. Eigelb kann auch eingefroren werden. Dafür verrühren Sie die Dotter mit etwas Salz oder Zucker und frieren sie portionsweise ein. Vermerken Sie auf dem Etikett, wie viele Eigelbe in einer Portion jeweils enthalten sind, das ist hilfreich für die spätere Verwendung.

❋ Ei klebt im Karton
Eier, deren Schalen auf dem Transport nach Hause gesprungen sind und die dadurch im Eierkarton festkleben, sollten Sie auf keinen Fall

Ein Eidotter enthält die »Tagesration« an Cholesterin: Deshalb nicht allzu viele Eier essen! Gesunde Menschen können drei bis vier Eier pro Woche verzehren. Rechnen Sie dabei aber auch in Kuchen und anderen Speisen »versteckte« Eier mit.

Qualitätsmerkmale bei Eiern

Güteklasse	Beschreibung
Klasse A	Schale: sauber und unverletzt Luftkammer: nicht über 6 mm, unbeweglich Eiweiß: klar, durchsichtig, gallertartig fest Dotter: klar sichtbar, zentral gelagert Kein fremder Geruch.
Klasse B	Schale: normal, unverletzt, roter Stempel Luftkammer: nicht über 9 mm Eiweiß: klar, durchsichtig Dotter: sichtbar
Sonderklasse Extra	Sind besonders frisch – nach 7 Tagen werden sie der Klasse A zugeordnet.
Klasse C	Kommen nicht in den Handel.

Gewichtsklassen

Klasse XL, sehr groß	73 g und mehr
Klasse L, groß	63 g bis 73 g
Klasse M, mittel	53 g bis 63 g
Klasse S, klein	unter 53 g

Damit die Mayonnaise bei der Herstellung nicht gerinnt, müssen alle Zutaten die gleiche Temperatur haben.

mit Gewalt herausnehmen. Besser ist es, wenn Sie den Karton gut durchfeuchten, danach lässt sich das Ei ganz einfach herausnehmen.

✳ Lichttest
So können Sie testen, ob die gekauften Eier wirklich frisch sind: Halten Sie das rohe Ei vor eine Lichtquelle. Ein frisches Ei ist lichtdurchlässig, ein älteres Ei dagegen zeigt Flecken.

✳ Luftkammertest
Jedes Ei besitzt eine Luftkammer. Beim frischen Ei ist diese Kammer klein, beim älteren ist sie groß. Feststellen lässt sich das, indem man das Ei in ein Gefäß mit Wasser gibt: Ist es ganz frisch, sinkt das Ei auf den Boden. Ein Ei, das älter als eine Woche ist, stellt sich mit der stumpfen Seite leicht nach oben auf, ist es älter als zwei Wochen, steht es senkrecht im Wasser. Ist das Ei noch älter, beginnt es sogar, im Wasser zu schweben.

Fester Eischnee: Wenn Sie mit dem Messer in das geschlagene Eiweiß hineinschneiden, sollte der Schnitt bestehen bleiben, dann ist der Eischnee wirklich richtig fest.

✳ Roh oder gekocht?
Manchmal passiert es: Man weiß nicht, ob ein Ei bereits gekocht oder noch roh ist. Folgender Trick gibt Aufschluss: Das fragliche Ei auf der Tischfläche kreisen lassen. Kreist es träge und unregelmäßig, ist es roh. Dreht es sich gleichmäßig und ruhig, ist es bereits gekocht.

EIWEISS STEIF SCHLAGEN

✳ Duftiger Eischnee
Besonders gut gelingt der Schnee, wenn man das Eiweiß mit etwas Speisestärke oder Puderzucker aufschlägt und drei bis vier Tropfen Zitronensaft zugibt.

✳ Eigelbreste
Wenn Sie Eigelb und Eiweiß voneinander trennen, ist äußerste Sorgfalt geboten. Verbleibt nur die geringste Spur von Eigelb im Eiweiß, wird es Ihnen nicht gelingen, das Eiweiß steif zu schlagen.

✳ Eiweiß gerinnt nicht
Wenn Sie Eiweiß in eine heiße Speise einrühren, gerinnt es häufig. So verhindern Sie das: Das Eiweiß mit etwas kalter Milch anrühren, den Topf von der Herdplatte nehmen und das Eiweiß dann einrühren.

✳ Fettfrei
Säubern Sie vor dem Schlagen von Eischnee unbedingt die notwendi-

REZEPTE MIT EIERN

Rührei

Eier • 1 Prise Salz • Pfeffer
1 EL Butter

Für Rührei schlägt man die Eier in eine Schüssel; dann mit dem Schneebesen Eier, Salz und Pfeffer verschlagen. Butter oder Margarine in einer Pfanne bei mittlerer Hitze zergehen lassen. Die Eimasse hineingeben und etwas stocken lassen. Dann mit einem Esslöffel verrühren.

Pochierte Eier

Eier • Wasser • 1 Prise Salz
1 Schuss Essig

Salzwasser in einem Topf zum Kochen bringen und den Essig zugeben. Das Ei in eine Tasse schlagen. Dann vorsichtig in das nicht mehr kochende Wasser gleiten lassen. Das Ei dabei mit Hilfe eines Löffels in Form halten und vier Minuten lang im Essigwasser ziehen lassen. Dann mit einer Schaumkelle herausnehmen.

Omelett

3 bis 4 Eier • 1 Prise Salz
1 EL Butter

Die Eier in einer Schüssel verquirlen und salzen. Die Butter in der Pfanne erhitzten, die Eimasse darauf gleiten lassen und sofort verrühren. Wenn sich eine feste Eischicht gebildet hat, rollt man das Omelett vorsichtig ein, lässt es von der Pfanne gleiten und stürzt es auf einen Teller.

---

gen Küchenutensilien gründlich: Eiweiß muss immer mit fettfreien Quirlen in einer fettfreien Schüssel steif geschlagen werden, sonst gelingt es nicht.

✳ Haltbarer Eischnee
Das aufgeschlagene Eiweiß bekommt besonders viel Stand, wenn man eine Prise Salz zugibt.

✳ Zimmertemperatur
Eischnee wird schaumiger, wenn das Eiweiß nicht zu kalt ist, sondern etwa Zimmertemperatur hat.

Eischneetest
Eiweiß ist steif genug geschlagen, wenn beim Herausziehen der Quirle Spitzen stehen bleiben.

EIER EINFRIEREN

✳ Eierschaum
Eier vor dem Einfrieren immer schaumig schlagen.

✳ Getrennte Eier
Die Eier vor dem Einfrieren trennen, Eigelb und Eiweiß separat in den Gefrierschrank geben.

85

EIER KOCHEN

✻ Kochzeit

Eier sollte man nicht nach Gefühl kochen – besser ist in jedem Fall eine Eieruhr. Um weiche Eier zu kochen, rechnet man je nach Größe der Eier mit drei bis vier Minuten Kochzeit, für mittelharte Eier mit fünf bis sechs Minuten, harte Eier kochen Sie acht bis zehn Minuten. Haben Sie einen Eierkocher, benutzen Sie diesen nach Gebrauchsanweisung. Ansonsten die Eier immer im geschlossenen Topf mit wenig Wasser kochen. Den Deckel sollten Sie während des Kochens nicht abheben.

✻ Pellen

Gekochte Eier sollte man immer mit kaltem Wasser abschrecken. Danach lassen sie sich nämlich problemlos schälen.

✻ Platzen verhindern

Damit Eier beim Kochen nicht platzen, werden sie angestochen und am besten schon eine halbe Stunde vor dem Kochen aus dem Kühlschrank genommen.

Eiergrößen:
Werden in einem Rezept keine speziellen Angaben zur Größe der verwendeten Eier gemacht, nehmen Sie grundsätzlich Eier der Gewichtsklasse M.

✻ Verfärbte Eidotter vermeiden

Hart gekochte Eier bekommen keine grau verfärbten Dotter, wenn man sie nur knapp fünf Minuten sprudelnd kocht und dann noch weitere acht Minuten im heißen Wasser ziehen lässt.

EIERSPEISEN

✻ Braten ohne Spritzer

Spiegeleier spritzen nicht, wenn Sie vor dem Braten etwas Stärkemehl in die Pfanne streuen.

✻ Dotter nach unten

Spiegeleier können von beiden Seiten gebraten werden. Dafür das Ei wenden und den Eidotter ebenfalls anbraten.

✻ Eierkuchen spezial

Besonders gut schmeckt ein Eierkuchen, wenn Sie den Teig auf diese Weise zubereiten: Übergießen Sie das Eigelb mit etwas Wasser, und quirlen Sie es so lange, bis es schaumig ist. Dann geben Sie die übrigen Zutaten sowie eine kleine Prise Backpulver dazu. Zuletzt rühren Sie das steife Eiweiß darunter.

✻ Gebratene Eier

Zu lange gebratene Spiegeleier oder auch übrig gebliebenes Rührei kann

Im Gegensatz zu Rühreiern schlagen Sie Spiegeleier direkt in die Pfanne und lassen sie behutsam ins heiße Öl gleiten.

Osterbrot mit bunten Eiern

1 kg Mehl • 1 Päckchen frische Hefe • 1/8 l lauwarme Milch
1/2 l lauwarmes Wasser • 50 g Zucker • 1 Prise Salz
Schale von 1 Orange, gerieben • etwas Öl für das Backblech
200 g Sesamsamen • 5 rot gefärbte, gekochte (5 Minuten) Ostereier • 1 Eigelb

1. Das Mehl, die Hefe, die Milch, das Wasser, den Zucker, das Salz und die Orangenschale zu einem schweren Hefeteig verarbeiten. Den Teig mehrere Stunden zugedeckt an einem warmen Ort gehen lassen, bis sich sein Volumen verdoppelt hat.

2. Ein Backblech mit Öl bestreichen und mit reichlich Sesamsamen bestreuen. Zwei Drittel des Teiges zu einem langen, flachen Laib formen und auf das Backblech legen.

3. Aus dem restlichen Teig zwei Rollen in Länge des Teiges drehen, in Sesamsamen wälzen und um den Laib legen. Gut festdrücken.

4. Die roten Ostereier senkrecht in den Brotlaib drücken. Das Brot mit Eigelb bestreichen, mit Sesam bestreuen und zugedeckt drei Stunden gehen lassen.

5. Den Backofen auf 200 °C vorheizen, das Osterbrot 50 Minuten auf der untersten Schiene backen.

Das ist wichtig, wenn Sie Eier kochen: Frische Eier haben eine längere Garzeit als ältere.

man einfach in Streifen schneiden und in dieser Form noch gut als Ergänzung zu Salaten oder Reisgerichten verwenden.

❋ Keine glibbrigen Spiegeleier
Wenn Sie das noch flüssige Eiweiß auf Spiegeleiern nicht mögen, legen Sie beim Eierbraten einfach für einige Minuten einen Deckel auf die Pfanne.

❋ Luftige Rühreier
Rühreier werden ganz besonders locker, wenn Sie einen Schuss Milch dazugeben.

❋ Mit Eigelb legieren
Möchten Sie Suppen oder Saucen mit Eigelb binden, vorher das ganze Ei in eine Tasse mit warmem Wasser geben. So verhindern Sie, dass das Eigelb später gerinnt.

Wichtig!
Hat ein Ei bereits einen feinen Riss in der Schale, können Sie es trotzdem noch kochen: Das Ei einfach fest in Alufolie einwickeln, und in das Kochwasser zusätzlich einen Teelöffel Salz geben.

Milch und Milchprodukte auf einen Blick

Milchsorte/Milchprodukt	Fettgehalt	Haltbarkeit
Rohe Kuhmilch direkt ab Hof	etwa 4 % Fett	gekühlt höchstens 5 Tage
Vorzugsmilch (abgepackte Rohmilch)	mind. 3,5 % Fett	gekühlt höchstens 5 Tage
Vollmilch	3,5–3,8 % Fett	gekühlt bis zu 4 Tage
fettarme oder teilentrahmte Milch	1,5–1,8 % Fett	gekühlt etwa 4 Tage
entrahmte Milch oder Magermilch	höchst. 0,3 % Fett	gekühlt etwa 4 Tage
H-Milch (Vollmilch)	3,5 % Fett	ungeöffnet 6 Wochen, sonst 4 Tage
H-Milch teilentrahmt	1,5–1,8 % Fett	ungeöffnet 6 Wochen, sonst 5 Tage
H-Milch entrahmt	höchst. 0,3 % Fett	ungeöffnet 6 Wochen, sonst 5 Tage
Kondensmilch	4, 7, 5 oder 10 % Fett	ungeöffnet bis zu 1 Jahr, geöffnet 5 Tage
Milchpulver aus Vollmilch	26 % Fett	6–12 Monate
Milchpulver aus Magermilch	1,2 % Fett	6–12 Monate

Sahneprodukte	Fettgehalt	Haltbarkeit
Sahnepulver	42 % Fett	6–12 Monate
Sahne	25–29 % Fett	4–6 Tage
Schlagsahne	mind. 30 % Fett	2–3 Tage
Schlagsahne »extra«	mind. 36 % Fett	2 Tage
H-Sahne	mind. 30 % Fett	ungeöffnet 6 Wochen, sonst 5 Tage
Kaffeesahne	10, 12 oder 15 % Fett	4–6 Tage

Sauermilchprodukte	Fettgehalt	Haltbarkeit
Saure Sahne	mind. 10, höchst. 30 % Fett	Alle Sauermilchprodukte
Crème fraîche	30–40 % Fett	sind gekühlt
Schmand	mind. 20 % Fett	mindestens 1 Woche
Trinksauermilch oder Dickmilch	0,3, 1,5 und 3,5 % Fett	haltbar. Für längere
Sahne-Dickmilch	etwa 10 % Fett	Lagerung das auf
Joghurt	0,3, 1,5, 3,5 und 10 % Fett	der Packung auf-
Dickmilch	0,3, 1,5, 3,5 und 10 % Fett	gedruckte Haltbarkeits-
Buttermilch	höchst. 1 % Fett	datum beachten
Kefir	0,3, 1,5 und 3,5 % Fett	
Trinkmolke	etwa 1 % Fett	

✳ Pochierte Eier
Hübscher sehen pochierte Eier aus, wenn die fransigen Ränder vor dem Servieren mit einer Küchenschere gerade geschnitten werden.

✳ Spiegeleier
Das Ei direkt in die Pfanne schlagen und in das erhitzte Bratfett gleiten lassen. Das Eiweiß stockt sofort und zeigt einen weißen Rand. Wenn man zusätzlich noch einen Teelöffel Wasser in das Eiweiß gibt, wird es nicht zäh.

✳ Spiegeleier salzen
Damit sich keine Flecken auf dem Eidotter bilden, sollte man das Spiegelei erst kurz vor dem Servieren salzen.

✳ Würzen
Rühreier und Spiegeleier immer erst nach dem Braten salzen, sonst werden sie zäh.

✳ Erhitzen ohne Haut
Wenn man Milch während der Erhitzens kräftig mit dem Schneebesen umrührt, bildet sich keine Haut. Oder Sie schrecken die Milch mit einem Eiswürfel ab.

✳ Gemüsegeschmack verstärken
In Gemüsegerichten unterstützt Milch den natürlichen Geschmack der Gemüse.

✳ Lockerer Milchreis
Wenn Sie sofort nach dem Kochen Eischnee unterrühren, wird Ihr Milchreis wunderbar locker und schön leicht.

✳ Milch macht Gemüse weiß
Geben Sie in das Kochwasser von Blumenkohl oder Schwarzwurzeln eine Tasse Milch. So bleibt das Gemüse strahlend weiß. Außerdem wird mit diesem Trick der Kochgeruch gemildert.

Milchprodukte enthalten lebenswichtige Vitamine und Mineralstoffe, wie z.B. Kalzium, das unser Körper für den Aufbau und den Erhalt fester, gesunder Knochen braucht.

MILCH

✳ Anbrennen verhindern
Milch brennt nicht so leicht an, wenn der Topf vor dem Kochen mit kaltem Wasser ausgespült wird.

✳ Eigengeschmack mildern
Milch mildert den Eigengeschmack mancher Lebensmittel: Deshalb legt man Nieren, Wild oder Leber in Milch ein, bevor man sie in der Küche weiterverarbeitet.

Den Milchtopf stets nur mit klarem Wasser auswaschen, niemals mit Spülmittel.

Wichtig!

Noch ein Tipp, wie Sie das Überkochen der Milch vermeiden: Bestreichen Sie einfach den inneren Topfrand mit etwas Butter.

✳ Milch im Kühlschrank

Wenn der Milchkarton geöffnet ist, nimmt die Milch schnell Kühlschrankgerüche an. Verschließen Sie den Karton deshalb möglichst dicht, oder noch besser: Gießen Sie die Milch in ein Flasche um, die Sie verschließen können.

✳ Milchmixgetränke mit Früchten

Pürieren Sie immer zuerst die Früchte mit dem Zucker, und geben Sie dann erst den Saft und die Milch dazu.

✳ Saure Milch

Beginnt die Milch sauer zu werden, können Sie sie noch gut für einen Kuchenteig verwenden, für den Buttermilch erforderlich ist. Sauermilch ist dafür nämlich ein guter Ersatz.

✳ Schärfe mildern

Milch verfeinert den Geschmack vieler Speisen. Sie kann auch zu scharf gewürzte Gerichte ein wenig mildern.

✳ Überkochen verhindern

Einen Teelöffel Zucker in die Milch geben, das verhindert das Überkochen. Oder probieren Sie den folgenden Trick: Besorgen Sie sich einen sauberen Kieselstein und legen Sie diesen beim Milchkochen mit in den Topf, das verhindert ebenfalls das Überkochen der Milch.

Handelsübliche Milch:

Milch wird grundsätzlich pasteurisiert verkauft. Das heißt, sie ist für eine halbe Minute auf 72 bis 75 °C erhitzt worden. Dabei werden alle Keime vernichtet, die dem Menschen gefährlich werden könnten. Vitamine und Milcheiweiß verändern sich bei diesem Prozess nur geringfügig.

Milcheierlikör
für 2 Personen

2 frische Eier • 1 EL Zucker
1/4 l Milch • 5 cl Weinbrand

1. Die Eier trennen, das Eiweiß steif schlagen und in den Kühlschrank stellen.

2. Eigelbe und Zucker schaumig rühren. Die Milch dazugießen.

3. Die Masse kräftig aufschlagen und mit dem Weinbrand abschmecken.

4. Den Eischnee unter die Eiermilchmischung ziehen und den Likör in die Gläser füllen.

Buttermilchpfannkuchen
für 4 Portionen

1/2 l Buttermilch • 100 g Mehl
etwas geriebene Zitronenschale
2 Päckchen Vanillezucker
4 Eier • 3 Eigelb • 100 g flüssige Butter

1. Mit einem elektrischen Rührgerät aus der Buttermilch, dem Mehl, der Zitronenschale, dem Vanillezucker, den Eiern, den Eigelben und 50 g Butter einen glatten Pfannkuchenteig rühren.

REZEPTE MIT MILCH

Pasteurisierte – also die im Handel erhältliche – Milch hält sich im Kühlschrank etwa vier bis sechs Tage.

2. Die restliche Butter in einer Pfanne erhitzen und portionsweise kleine Pfannkuchen ausbacken. Dazu schmeckt Kompott.

Überbackene Quarkkartoffeln
für 4 Portionen

1 kg Kartoffeln • 80 g Räucherspeck
2 Zwiebeln • Salz • 200 g Quark
1 Ei • 1/4 l Milch • 1 TL Paprika
Petersilie oder Schnittlauch, gehackt
Semmelbrösel • Butterflöckchen

1. Kartoffeln kochen, pellen, abkühlen lassen und in Scheiben schneiden. Den Speck und die geschälten Zwiebeln in Würfel schneiden, anbraten. Die Kartoffeln dazugeben und ebenfalls kurz anrösten. Salzen und abkühlen lassen.

2. Den Quark passieren, mit Milch und Ei schaumig rühren, Paprika und Kräuter unterrühren. Zu den Kartoffeln geben.

3. Alles in eine gefettete Auflaufform füllen, Semmelbrösel und Butterflöckchen darüber geben. Bei Mittelhitze in etwa 45 Minuten goldgelb backen.

Kürbissuppe
für 4 Portionen

1 kg frisches Kürbisfleisch
1 Zwiebel • 2 EL Butter • 1 EL Zucker
1/2 l Milch • 250 ml Sahne • Salz
schwarzer Pfeffer aus der Mühle
1 Prise Nelkenpulver
1 Prise gemahlene Muskatnuss
4 EL geschlagene Sahne
2 EL Kürbiskerne

1. Kürbisfleisch von Kernen und Schalen befreien, würfeln. Zwiebel schälen und fein würfeln.

2. Die Butter in größerem Topf heiß schäumend erhitzen. Zwiebelwürfel darin glasig andünsten und den Zucker darüber streuen.

4. Das Kürbisfleisch einige Minuten andünsten, dann die Milch und die Sahne einrühren. Mit Salz, Pfeffer und den Gewürzen pikant abschmecken. Alles etwa 20 Minuten lang bei mittlerer Hitze weich kochen und dann pürieren.

8. Suppe in vorgewärmten Tellern mit Sahnehäubchen und Kürbiskernen garniert servieren.

Kefir selbst gemacht:
Sie brauchen einen Kefirpilz (Durchmesser etwa fünf Zentimeter). Übergießen Sie den Pilz mit einem Liter Milch, und lassen Sie ihn einen Tag lang zugedeckt bei Zimmertemperatur stehen. Dann die Flüssigkeit durch ein Sieb abgießen, den Kefirpilz waschen und wieder in Milch einlegen.

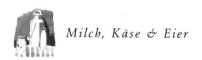
MILCHPRODUKTE

❋ Buttermilchersatz

Sie haben vergessen, Buttermilch zu kaufen, und brauchen diese dringend als Zutat für ein Rezept? Kein Problem: Vermengen Sie Milch und Joghurt im Verhältnis eins zu drei.

❋ Butter »verlängern«

So machen Sie ganz einfach »mehr« aus Ihrer Butter: Verrühren Sie 250 Gramm Butter mit einer Tasse Dosenmilch. Dann füllen Sie die Masse in eine Form. Nun müssen Sie das Ganze nur noch tiefkühlen.

❋ Crème-fraîche-Ersatz

Sauerrahm mit Milch verdünnt erfüllt denselben Zweck wie Crème fraîche. Das Gute daran: Sie sparen dabei außerdem noch Fett und somit Kalorien!

❋ Ersatz für saure Sahne

Sollten Ihnen die saure Sahne ausgegangen sein, können Sie stattdessen Hüttenkäse mit dem Mixstab oder im Mixer fein pürieren.

❋ Frischemerkmal

Vorsicht: Milchprodukte mit gewölbtem Deckel besser im Regal

BUTTERMISCHUNGEN

Für die Buttermischungen immer zimmerwarme Butter cremig rühren. Dann die Zutaten untermischen. Die Zutaten sollten frisch sein und sehr fein geschnitten oder gehackt werden.

Kräuterbutter:
Wenn Sie Ihre Butter »strecken« (siehe Text auf dieser Seite: Butter »verlängern«), können Sie auch gleich Kräuterbutter selbst herstellen: Dazu einfach noch fein geschnittene Kräuter zu der Mischung geben, bevor Sie sie tiefkühlen.

Zitronenbutter

150 g zimmerwarme Butter
1 EL mittelscharfer Senf
Saft und abgeriebene Schale
von 1/2 Zitrone
1 Prise Salz
Kann portionsweise eingefroren
werden.

Rote Kaviarbutter

50 g Lachsforellenkaviar
(Ketakaviar)
1 EL gehackter Dill
Saft von 1 Limette

Mit geräucherten Lachsstreifen garnieren.

Tomaten-Basilikum-Butter

150 g Tomaten, enthäutet, entkernt und fein püriert
2 EL Basilikumblätter, fein gehackt
Mit etwas Zucker, Salz und Pfeffer abschmecken und je einen Esslöffel Pinienkerne und Olivenöl untermischen.

Buttersorten

Aus Rahm werden drei Sorten Butter hergestellt:

1. Aus nicht gesäuertem Rahm: Süßrahmbutter.

2. Aus gesäuertem Rahm: Sauerrahmbutter.

3. Mild gesäuerte Butter – eine Buttersorte zwischen Süß- und Sauerrahmbutter.

Einfrieren sollten Sie möglichst nur Süßrahmbutter. Diese hält sich gefroren länger als Sauerrahmbutter.

lassen, denn ihr Inhalt könnte verdorben sein. Einzige Ausnahme: Kefir. Hier zeigt der gewölbte Deckel das unermüdliche Arbeiten seiner Gärmikroben an.

✳ Joghurt kochen
Joghurt flockt beim Kochen nicht aus, wenn Sie ihn vorher mit etwas Mehl oder Speisestärke angedickt haben.

✳ Joghurt in die Sauce
Zu schwere, dicke oder überwürzte Saucen können Sie retten, wenn Sie etwas Joghurt hineinrühren.

✳ Leichte Salatsauce
Möchten Sie auf den Kalorienverbrauch achten, sollten Sie für Ihre Salatsaucen anstelle von Essig und Öl besser nur Joghurt verwenden.

✳ Keine braune Butter
Butter wird in der Bratpfanne nicht so schnell braun, wenn Sie etwas Speiseöl dazugeben.

✳ Kefirpilze aufbewahren
Wollen Sie eine Pause in der Kefirproduktion einlegen, den Pilz aber aufbewahren, können Sie ihn bis zu maximal neun Monaten einfrieren. Wieder aufgetaut, nimmt er seine gewohnte »Arbeit« problemlos wieder auf.

✳ Quark in Hefeteig
Hefeteig wird feucht, zart und auch gut bekömmlich, wenn Sie etwas Quark untermischen. Dabei sparen Sie auch Fett.

✳ Quark lagern
Besonders lange hält sich Quark im Kühlschrank, wenn man ihn in der unbeschädigten Packung umgedreht aufbewahrt.

✳ Sahne einfrieren
Sahne lässt sich sehr gut einfrieren: Sie hält sich bis zu einem Vierteljahr im Gefriergerät.

✳ Sahneersatz
Ist einmal keine Schlagsahne im Haus, kann statt dessen auch eine möglichst fettreiche Kondensmilch aufgeschlagen werden. Dazu geben Sie den Saft einer halben Zitrone in etwa 200 Milliliter Kondensmilch und schlagen sie wie gewohnt auf.

Joghurt kann man auch selbst herstellen. Es gibt dafür sogar spezielle Joghurtmaschinen.

Wichtig!

Wollen Sie Ihren Joghurt in Eigenproduktion herstellen, füllen Sie ein gut verschließbares Gefäß mit dem warmen Joghurtansatz und lassen es dick in Decken oder ein Federbett eingewickelt an einem warmen Ort ohne Zugluft stehen.

*Ideal zur
Aufbewahrung
von Käse ist die
Vorratskammer
oder ein anderer
kühler Raum.*

✳ Sahne schnell aufschlagen

Ganz besonders rasch lässt sich die
Sahne aufschlagen, wenn sie eiskalt
aus dem Kühlschrank verarbeitet
wird und man ihr einige Tropfen
Zitronensaft zugibt.

✳ Saure Dosenmilch

Sie können sie an Fleischsaucen
geben, dadurch bekommen diese
einen runden Geschmack.

✳ Sauerrahm erhitzen

Vorsicht beim Erhitzen: Sauerrahm
trennt sich dabei, was sich in den
Speisen dann als unschön ausgefal-
lene Flocken zeigt.

✳ Steife Schlagsahne

Schlagsahne hat mehr Stand, wenn
man sie mit Puderzucker statt mit
Kristallzucker süßt.

KÄSE

✳ Aufbewahren

Käse bewahrt man dunkel und kühl
auf. Ideal ist ein kühler Kellerraum,
aber auch das Gemüsefach des
Kühlschranks eignet sich.

*So wird Käse
wieder weich:*

*Ist Käse eingetrock-
net, legen Sie ihn
einige Zeit in Milch
oder Buttermilch ein.
Danach lassen Sie
ihn gut abtropfen.
Essen Sie ihn mög-
lichst bald auf.*

✳ Austrocknen vermeiden

Die Schnittflächen des Käsestücks
immer mit etwas Butter bestreichen,
so bleiben sie schön frisch. Hart-
und Schnittkäse in leicht angefeuch-
tetes Küchenpapier und anschließend in Klarsichtfolie wickeln, so
lässt er sich im Kühlschrank aufbe-

wahren, ohne auszutrocknen.

✳ Frischhalten

Käse unter der Käseglocke bleibt
länger frisch, wenn man einen Würfel Zucker mit hineinlegt.

✳ Hart gewordener Schnittkäse

Einige Stunden in frische Milch einlegen, und der Käse ist wieder
frisch und lässt sich gut schneiden.

✳ Käsefonduereste

Bleibt vom Fondue etwas übrig,
kann die Käsemasse noch wunderbar
für einen Nudel- oder Kartoffelauf-
lauf verwendet werden.

✳ Käse und Wein

Wenn Sie Käse und Wein reichen,
beachten Sie folgende Regeln: Je
kräftiger der Käse, umso gehaltvol-
ler und kräftiger sollte auch der
Wein sein. Zu einem kräftigen Blau-
schimmelkäse passt beispielsweise

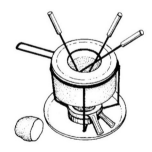

*Beim Fleischfondue kann es schnell passie-
ren, dass das Fett überläuft. Um das zu
verhindern, legen Sie eine rohe Kartoffel
in das heiße Öl.*

gut ein Côtes du Rhone. Dagegen harmoniert ein milderer Camembert wunderbar mit einem Bordeaux oder einem fruchtigen Roséwein.

Hartkäse sollte man mit einem Parmesanmesser abbrechen. Ein großes Käsemesser mit stabilem Griff ist ideal für große Käselaibe.

❋ Käseplatte

Wenn Sie als letzten Gang nach einem Menü eine Käseplatte reichen, dann ordnen Sie die Käsesorten nach ihrem Aroma auf einem runden Holzbrett im Uhrzeigersinn an: Beginnen Sie mit den milden Sorten, und schließen Sie den Kreis mit den kräftgen. Bereiten Sie die Käseplatte ein paar Stunden vor dem Servieren vor, und stellen Sie sie kühl, aber auf keinen Fall in den Kühlschrank. Decken Sie den Käse entweder mit einer Käseglocke oder mit Frischhaltefolie ab.

❋ Käsereste

Hart- und Schnittkäsereste können Sie reiben und portionsweise einfrieren. So haben Sie immer Käse zum Überbacken auf Vorrat.

❋ Käseschicht, braune

Beim Überbacken von Aufläufen und Gratins darf der Käse nicht zu braun werden, sonst schmeckt er schnell bitter.

❋ Leichter reiben

Weichen und halbfesten Käse etwa 15 Minuten lang im Tiefkühlfach leicht anfrieren, dann lässt er sich besser reiben.

❋ Mit Käse würzen

Nudeln, aber auch Gemüsesuppen und Eintöpfe sowie helle Saucen können Sie mit Käse würzen.

❋ Panieren und Ausbacken

Wenn Sie Käse panieren und ausbacken möchten, sollten Sie ihn vorher gut kühlen. Dann den Käse in Mehl, verquirltem Ei und zuletzt in Paniermehl wenden und in Butter goldbraun braten.

❋ Reibkäse

Frisch gerieben schmecken Parmesan und andere Hartkäse am besten. Für nicht allzu harten Käse können Sie die Handreibe benutzen, größere Mengen reiben Sie besser auf einer Holzreibe mit stabiler Walze.

❋ Rohmilchcamembert

Camembert und anderen Käse, der nachreifen soll, nicht im Kühlschrank lagern, denn die niedrige Temperatur unterbricht den Reifeprozess.

Es gibt verschiedene Käsereiben. Die kleineren sind z. B. ideal, wenn Sie nur rasch etwas Parmesan zum Nachwürzen reiben möchten.

> *Wichtig!*
>
> *Zum Würzen von Speisen eignet sich Hartkäse besonders gut. Verwenden Sie Parmesan, Pecorino oder alten Gouda, um den verschiedensten Gerichten den richtigen Geschmack zu verleihen.*

Käse eignet sich zum Überbacken, zum Würzen oder ganz fein zum Wein ebenso wie als leckerer Belag für ein Butterbrot. Sie müssen nur darauf achten, dass Sie für jeden Zweck die richtige Käsesorte auswählen.

✳ Schmelzkäse

Legen Sie sich einen kleinen Vorrat an Schmelzkäse an. Er lässt sich gut für schnelle Käsesaucen verwenden.

✳ Servieren

Eine Stunde vor dem Verzehr müssen Sie den Käse aus der Kühlung holen. Nur so entwickelt er sein volles Aroma.

✳ Überbacken

Dafür eignen sich gut schmelzende, fette Käsesorten, wie halbfeste Schnittkäse, Schmelz-, Rotschmier- und Weißschimmelkäse.

✳ Verpackung

Käse muss so verpackt sein, dass sein Aroma geschützt ist und gleichzeitig andere Lebensmittel vor dem Käsegeruch bewahrt werden. Wenn Sie ihn im Kühlschrank lagern, dann am besten in speziellem Käsepapier oder in einer fest verschließbaren Kunststoffdose.

✳ Weichkäse aufbewahren

In der Originalverpackung lassen. Camembert und Brie bei Raumtemperatur lagern, da beide Käsesorten nachreifen. Im Kühlschrank wird der Reifungsprozess abgebrochen.

Überbackenes: Zum Überbacken von Aufläufen, Toast, Fleisch und Fisch eignet sich grob geriebener Schnittkäse besonders gut.

✳ Weichkäse reiben

Weiche Käsesorten lassen sich nicht reiben. Um sie fein zu zerkleinern, streichen Sie sie durch ein feinmaschiges Sieb.

Käsefondue
für 4 Personen

Knoblauch • 300 g Emmentaler

300 g Greyerzer Käse

100 ml Neuenburger Weißwein

1 Gläschen Kirschwasser

15 g Speisestärke • Salz, Pfeffer, Muskat

Weißbrotwürfel

1. Den Fonduetopf aus Steingut oder Gußeisen mit Knoblauch ausreiben oder den Knoblauch fein hacken und zugeben.

2. Den Käse sehr fein schneiden oder hobeln (nicht reiben) und mit dem Weißwein bei mittlerer Hitze unter ständigem Rühren zu einer glatten Creme kochen.

3. Wenn sich große Blasen bilden, das Kirschwasser mit der Speisestärke vermischen und unterrühren. Mit Salz, Pfeffer und Muskat würzen.

4. In den Fonduetopf gießen und auf einen Rechaud geben, so dass die Masse leicht köchelt.

5. Weißbrotwürfel auf die Gabel spießen, in die Käsemasse tauchen und heiß verzehren.

Dazu schmeckt Wein, kräftiger Tee oder ein gutes Kirschwasser.

REZEPTE MIT KÄSE

Alternative:
Fondue flambée
Rechaudflamme am Tisch auf größte Hitze stellen, die Käsemasse stark kochen lassen und dann ein bis zwei Glas Kirschwasser anwärmen, anzünden und über die Käsemasse geben.

Milchsuppe mit Käse
für 4 Personen

2 Schalotten • 1 Knoblauchzehe

50 g Butter • 30 g Mehl

3/4 l Milch • 250 ml Sahne

100 g Schmelzkäse

50 g Allgäuer Bergkäse, gerieben

Salz • schwarzer Pfeffer aus der Mühle

gemahlene Muskatnuss

1. Die Schalotten und die Knoblauchzehe schälen und fein würfeln. Die Butter im Topf heiß schäumend erhitzen und darin die Schalotten und die Knoblauchzehe andünsten. Mit Mehl bestäuben und kurz durchrühren.

2. Milch aufgießen, etwa 5 Minuten durchkochen und dann durch ein Sieb passieren.

3. Alles nochmals erhitzen und Sahne, Schmelzkäse und geriebenen Käse in die Suppe einrühren.

Die Hitze reduzieren, so dass die Suppe nicht mehr kocht. Mit den Gewürzen abschmecken und sofort servieren.

Alternative:
Anstelle des Allgäuer Bergkäses können Sie auch einen anderen würzigen Käse nehmen.

Gorgonzolaquark mit Nüssen
für 4 Personen

100 g Gorgonzola, zimmerwarm

100 ml Sahne • 250 g Quark

50 g gehackte Walnüsse

schwarzer Pfeffer aus der Mühle

100 g helle Weintrauben

1. Den Gorgonzola mit einer Gabel zerdrücken und mit der Sahne vermengen. Den Quark unterrühren.

2. Die Walnüsse und eine Prise Pfeffer in die Masse einrühren. Die Quarkcreme zusammen mit den Trauben anrichten.

Alternative:
150 g Roquefort mit 5 cl Sherry und 150 ml Sahne verrühren, 200 g Quark untermischen und mit Pfeffer abschmecken.

Wenn Sie Hartkäse (z. B. Parmesan am Stück) im Kühlschrank lagern, schlagen Sie ihn in ein feuchtes Küchentuch ein, dann trocknet er nicht aus.

Wichtig!

Wenn Sie den Allgäuer Bergkäse in der Milchsuppe – nebenstehendes Rezept – durch anderen Käse ersetzen, nehmen Sie auf jeden Fall eine würzige Käsesorte: Nur so bekommt die Suppe auch ihren typischen deftigen Geschmack.

Fleisch
& Geflügel

Obwohl die vegetarische Küche abwechslungsreich und schmackhaft ist, schmeckt doch den meisten ein herzhaftes Stück Fleisch oder ein lecker zubereitetes Stück Geflügel ab und an auch sehr gut. Mit wenigen einfachen Grundregeln zaubern Sie die schmackhafte Fleischbeilage ebenso wie den »großen Braten« mühelos auf den Tisch.

BRATEN

✳ Aufschneiden
Vor dem Aufschneiden sollte man den Braten ein paar Minuten im Sud oder in der Bratensauce ruhen lassen. Das Fleisch bleibt dadurch saftiger. Schneiden Sie grundsätzlich nur so viele Scheiben vom Braten auf, wie vermutlich verzehrt werden. Im Ganzen trocknet das Reststück nicht so rasch aus wie einzelne Scheiben, sondern bleibt schön saftig.

✳ Bekömmlichkeit
Gebratene Lebensmittel sind schwer verdaulich, da durch das Anbraten Röststoffe entstehen. Diese kann der Magen nicht sofort problemlos verarbeiten. Gießt man das stark erhitzte Bratfett ab, bevor man Flüssigkeit hinzufügt, wird das Gericht bekömmlicher.

✳ Bratenreste aufwärmen
Aufgewärmter Braten wird leicht zäh. Am besten wickeln Sie ihn in einen Bratschlauch und erwärmen

---

So tranchiert man richtig

- Grundsätzlich gegen die Fleischfaser schneiden. Verwenden Sie immer ein scharfes Messer – nur dann können Sie zügig und sauber schneiden.
- Knusprige Kruste lässt sich oft nicht schneiden. Dann wird sie abgehoben und gesondert in Portionsstücke aufgeteilt.
- Bei Rollbraten muss man zuerst die Schnüre entfernen, bevor man den Braten tranchiert.
- Bei Rippenbraten, Kotelettstück oder Kasseler trennt man die Rippen vorher durch Einhacken so, dass sie sich beim Tranchieren leicht mit dem Messer lösen lassen.
- Schneiden Sie den Braten nach und nach auf. Immer nur so viele Scheiben, wie vermutlich verzehrt werden.

Würzige Kruste:
Den Braten einige Stunden vor der Zubereitung dünn mit Senf einstreichen, salzen, pfeffern und mit anderen Gewürzen abschmecken.

ihn langsam im Backofen. Oder: Schneiden Sie den kalten Braten in Scheiben, und wärmen Sie die Scheiben bei schwacher Hitze in der Sauce auf.

✳ Bratensauce

Der bei der Zubereitung entstehende Bratensatz kann in eine herrlich raffinierte Sauce verwandelt werden, indem man ihn mit hochprozentigen Spirituosen ablöscht und danach noch flambiert.

✳ Fettzugabe

Während des Bratens geben Sie bitte kein weiteres Fett in die Pfanne: Der Garvorgang würde dadurch unterbrochen und das Bratgut zäh werden.

✳ Kalten Braten schneiden

Für einen kalten Aufschnitt sollten Sie immer erst den Braten vollständig auskühlen lassen und erst danach aufschneiden. Auf diese Weise bleibt der Braten schön saftig.

Reiben Sie die Pfanne vor dem Erhitzen mit etwas Salz ein. So brät das Fleisch im eigenen Saft, und es muss kein zusätzliches Fett mehr zugegeben werden.

✳ Menge

Braten Sie nicht zu viel Fleisch auf einmal an. Das Bratfett kühlt nämlich sonst ab, und das Fleisch verliert Saft, so dass es zäh und trocken wird.

✳ Pfanne vorbereiten

Lassen Sie die Pfanne leer auf dem Herd heiß werden. Dann erst das Fett zugeben. Die Pfanne muss sehr heiß sein, damit sich die Poren des Fleisches rasch schließen und es gleichmäßig bräunt.

✳ Rollbraten

Damit ein Rollbraten auch wirklich zusammenhält, muss er perfekt mit Küchengarn umwickelt werden: An dem Ende, an dem Sie damit beginnen, den Braten zu umwickeln, legen Sie eine Schlinge, die Sie festziehen. Dann das Garn in Abständen von jeweils zwei Zentimetern gleichmäßig um das Fleisch wickeln. Nach jedem Umwickeln das Garn wie bei einem Paket verschnüren. Zum Schluss binden Sie einen festen Knoten.

FLEISCHFONDUE

✳ Zartes Fleisch

Besonders zart und außerordentlich schmackhaft wird das Fonduefleisch, wenn Sie es über Nacht in ein mit Cognac getränktes Tuch einwickeln.

Braten liegt nicht so schwer im Magen, wenn ein Stück frische Ingwerwurzel zugegeben wird.

Wichtig!

Schneiden Sie die Fettränder bei flachen Fleischstücken ein, dann wölbt sich das Fleisch beim Braten in der Pfanne nicht nach oben.

FLEISCH VORBEREITEN

✳ Beizen

Fleisch kann länger gelagert werden, wenn es in Beize eingelegt ist. Dadurch bekommt es einen feinen Geschmack und wird außerdem zarter.

✳ Klopfen

Geklopftes Fleisch, wie etwa Schnitzel, hat einen weniger feinen Geschmack und verliert zudem beim Braten viel Fleischsaft. Lassen Sie deshalb besser Schnitzel, Rouladen und anderes Fleisch vom Metzger in der richtigen Stärke schneiden. Etwa eine Stunde vor dem Braten aus dem Kühlschrank nehmen und nicht zu heiß oder zu lange braten. Bei dieser Zubereitungsart ist das Klopfen des Fleisches überflüssig.

✳ Salzen

Salz sorgt dafür, dass Fleischsaft austritt. Massiert man es jedoch mit der flachen Hand in die Fasern ein, vermeidet man, dass der Saft aus dem Fleisch austritt. Kleinere Fleischstücke salzt man immer erst nach dem Garen.

GEFLÜGEL

✳ Frische Hähnchen

Frisches Geflügel sollten Sie nie länger als drei Tage aufbewahren.

✳ Frischetest bei Tiefkühlware

Geflügel aus der Tiefkühltruhe ist nur einwandfrei, wenn es weder weiße Frostflecken auf dem Fleisch noch Schnee- oder Eisbildung unter der Folie aufweist.

✳ Tiefkühlhuhn

Tiefgefrorene Suppenhühner und Geflügelteile können gleich unaufgetaut verarbeitet werden.

Verpackte Ware

Beim Einkauf sollten Sie stets darauf achten, dass die Verpackung nicht beschädigt ist.

Schneiden:
Fleisch für Geschnetzeltes oder auch für Carpaccio lässt sich mühelos schneiden, wenn man es zuvor im Tiefkühlfach kurz anfrieren lässt.

Handelsklassen bei Geflügel

Handelsklasse	Qualität
A	Die Tiere sind vollfleischig, einwandfrei gerupft und ohne Verletzungen oder Verfärbungen.
B	Die Tiere sind fleischig und dürfen einen ungleichmäßigen Fettansatz, kleine Hautrisse und geringfügige Rötungen haben).
C	Die Tiere werden überwiegend industriell verarbeitet.

GEFLÜGEL GAREN

❋ Braune Kruste
Die letzte Viertelstunde sollten Sie das Geflügel bei leicht geöffneter Ofentür garen. Dafür können Sie einfach einen Kochlöffel in die Tür des Backofens klemmen.

❋ Knusprig gebraten
Für eine knusprige Kruste an Ente, Hähnchen oder Pute die Haut des Geflügels vor dem Braten mit Paprika einreiben.

❋ Saftiges Fleisch
Hähnchenfleisch, besonders Hähnchenbrust, können Sie vor dem Garen mit etwas Zitronensaft beträufeln. So bleibt das Geflügel schön saftig.

❋ Unterschiedliches Braten
Enten- und Gänsefleisch enthält viel Fett – es wird deshalb mit Wasser angesetzt. Mageres Geflügel wie Hähnchen oder Truthahn braten Sie dagegen in sehr heißem Fett an.

❋ Wenden
Geflügel sollten Sie beim Braten häufig wenden, damit es von allen Seiten schön gleichmäßig angebraten wird. Außerdem sollte das Fleisch möglichst immer wieder mit der Bratflüssigkeit übergossen werden.

Gänseschmalz

Flomenfett einer Gans

1 kleine Zwiebel

100 g Schweineschmalz

1 Prise Salz • 4 mittlere Boskoopäpfel

1. Das Flomenfett in einer Pfanne bei geringer Hitze zusammen mit der klein geschnittenen Zwiebel anbraten.

2. Dann durch ein Sieb gießen und mit dem Schweineschmalz und dem Salz vermengen. Die Äpfel schälen, ausstechen und in einen Topf stellen.

3. Das Gänseschmalz darübergießen und die Äpfel darin garen lassen. Das Gänseschmalz mit den weich gewordenen Äpfeln in eine Schüssel geben und abkühlen lassen.

GESUNDHEITLICHE ASPEKTE

❋ Hygiene
Achten Sie bei der Zubereitung von Fleisch, insbesondere jedoch von Geflügel, sorgfältig auf die Hygiene. Waschen Sie sich nach der Zubereitung gründlich die Hände, und reinigen Sie Arbeitsflächen sowie Küchengeräte. Ver-

---

Um festzustellen, ob die Brattemperatur des Geflügels wirklich ausreichend ist, verwenden Sie am besten ein Bratthermometer.

Wichtig!
Kaufen Sie frische Hähnchen besser nicht montags, denn dann können Sie fast sicher sein, dass dieses Geflügel vom Wochenende übrig ist.

wenden Sie tiefgekühltes Geflügel, schütten Sie das Auftauwasser umgehend in den Ausguss.

✳ Salmonellen
Geflügelfleisch sollten Sie nicht unverpackt zusammen mit anderen Lebensmitteln lagern, damit die Gefahr der Salmonellenübertragung gering bleibt. Geflügelfleisch sollten Sie grundsätzlich gut durchgaren, denn Salmonellen werden erst bei Temperaturen über 90 °C getötet. Dass diese Temperatur erreicht wurde, erkennen Sie beim Hähnchen z. B. daran, dass sich das Bein aus dem Gelenk lösen lässt.

HACKFLEISCH

✳ Anbraten
Hackfleisch wird bei mittlerer Hitze angebraten. Es kann Margarine, Öl oder Schweineschmalz als Bratfett verwendet werden.

✳ Bouletten bleiben ganz
Die Hackfleischfladen vor dem Braten in Mehl, Paniermehl oder Haferflocken wenden, dann fallen sie beim Braten nicht auseinander und bekommen außerdem eine knusprige Kruste.

✳ Bouletten schnell garen
Drücken Sie in die Mitte jeder Boulette eine Delle, so werden sie beim Braten schneller gar.

Hackbraten leicht
vom Blech lösen
Hackbraten setzt
nicht an der Braten-
reine oder am Blech
an, wenn man ein
Stück Speckschwarte
zwischen Blech und
Braten legt.

✳ Einfrieren
Wenn Sie Ihr Hackfleisch vor dem Einfrieren zu flachen Fladen formen, ist es später viel schneller aufgetaut als zu großen »Ballen« geformtes Hackfleisch.

✳ Garen
Garen Sie Hackfleisch immer vollständig durch, damit auf alle Fälle krankheitserregende Keime unschädlich gemacht werden.

✳ Gemischtes Hackfleisch
Wenn Sie ohne weitere Angaben Hackfleisch beim Metzger verlangen, erhalten Sie wahrscheinlich gemischtes Hackfleisch.

✳ Hackbraten gart schneller
Ein Hackbraten wird schneller gar, wenn Sie in die Mitte hartgekochte Eier oder vorgegartes Gemüse – wie beispielsweise ganze Möhren – geben.

✳ Hackbraten platzt nicht
Hackbraten platzt nicht, wenn Sie bei der Zubereitung des Teiges ein bis drei Teelöffel Kartoffelstärke unter die Hackmasse mischen.

✳ Hackfleischteig formen
Frikadellen und Hackfleischklößchen sollte man immer mit angefeuchteten Händen formen. So werden die Klößchen schön glatt, und der Teig klebt nicht an den Fingern.

Hackfleischtopf
für 4 Personen

250 g gemischtes Hackfleisch
1 Zwiebel • 40 g Fett
etwa 1 Glas Rotwein
3 EL Tomatenmark
Salz • Pfeffer • Thymian
gehackte Petersilie
250 g Reis • 1/2 l Fleischbrühe
4 EL Sahne oder Dosenmilch
3 EL Reibkäse • Butterflöckchen

1. Das Hackfleisch mit der fein geschnittenen Zwiebel in Fett anbraten, den Rotwein und das Tomatenmark unterrühren. Mit den Gewürzen und der Petersilie abschmecken.

2. Den Reis in der Fleischbrühe (oder in Wasser) körnig ausquellen, etwas abkühlen lassen und abwechselnd mit der Hackfleischmasse in eine gefettete, feuerfeste Form füllen.

3. Mit der Sahne oder der Dosenmilch begießen, mit dem Käse bestreuen, die Butterflöckchen aufsetzen.

4. Alles im vorgeheizten Ofen in 10 bis 20 Minuten bei mittlerer Hitze goldbraun überbacken.

❋ Herzhafte Frikadellen
Besonders pikant schmecken Frikadellen, wenn Sie Röstzwiebeln statt roher Zwiebeln in den Teig geben.

❋ Rohen Teig abschmecken
Wer kein rohes Fleisch essen möchte, kann den Frikadellenteig auch auf folgende Art probieren: Eine kleine Menge vom Teig abnehmen und kurz in siedendem Wasser garen, etwas abkühlen lassen und kosten.

❋ Viele Frikadellen braten
Große Mengen an Frikadellen, für ein Fest etwa, kann man ganz einfach auf dem Backblech im Ofen garen. Je nach Größe brauchen die Frikadellen bei 200 °C etwa 15 bis 20 Minuten.

❋ Hackmasse
Statt mit einem Ei kann das Hackfleisch auch mit einer rohen, geriebenen Kartoffel gebunden werden.

❋ Variationen
Hackfleisch kann hervorragend zum Füllen von Gemüse verwendet werden.

INNEREIEN

❋ Braten
Legen Sie Innereien etwa eine Stunde vor dem Braten in Milch

Hackbraten bleibt saftig, wenn er während des Bratens mehrmals mit Flüssigkeit begossen wird.

Wichtig!

Hackfleisch sollten Sie nicht zu lange lagern, sondern frisch verzehren. Frisches Hackfleisch erkennt man an der hellroten Farbe.

Lamm- und Hammelfleisch können Sie beim türkischen Metzger kaufen: Hier bekommen Sie wegen des regen Umsatzes an diesen Fleischsorten sicher frische Ware.

So gelingt Ihr Steak garantiert

- Zum Braten von Steaks immer eine schwere Pfanne nehmen (am besten eine aus Gusseisen). Sie speichert die Hitze besser. Der Pfannenboden muss absolut eben sein.
- Gut zum Braten geeignet sind Pflanzenfett oder -öle sowie Butterschmalz. Hauptsache, das Fett wird möglichst heiß.
- Kleine Unebenheiten beim Steak entfernt man. Beim Rumpsteak die Fettschwarte einschneiden und mitbraten.
- Steaks niemals klopfen oder panieren!
- Steaks sind »welldone« (engl.) oder »biencuit« (franz.), wenn sie durchgebraten (pro Seite fünf Minuten), »medium« oder »à point«, wenn sie innen rosa (pro Seite drei bis vier Minuten) sind und »englisch« oder »saignant«, wenn sie innen noch blutig (pro Seite zwei Minuten) sind. Als vierte Form gibt es noch »raw« oder »bleu«: Das Steak hat eine dünne braune Kruste, ist aber innen noch roh (pro Seite eine Minute).
- Die Garzeit hängt von der Dicke des Steaks ab: Pro Zentimeter rechnet man eine Minute.
- Hohe Anfangstemperaturen sorgen dafür, dass das Steak schön saftig bleibt.
- Auch Meisterköche prüfen mit dem Finger: »medium« muss sich anfühlen wie ein Ball, der sich leicht eindrücken lässt.

In Milch einlegen:
Vor dem Braten, nach dem Waschen und Putzen, sollten Leber und Nieren mindestens eine Stunde lang mit Milch bedeckt aufbewahrt werden. Durch dieses Verfahren wird ein eventuell vorhandener unangenehmer Beigeschmack ausgeschwemmt.

ein, dann werden sie besonders weich. Anschließend das Fleisch gut abtrocknen, in Mehl wenden und in ganz wenig heißem Fett nur kurz braten.

✳ Geflügelleber
Stechen Sie die Geflügelleber vor dem Braten mit einer Gabel ein: So vermeiden Sie, dass die Leber in der Pfanne spritzt.

✳ Zarte Leber
Die Leber sollten Sie niemals vor dem Braten oder währenddessen salzen, dadurch kann sie hart und

zäh werden. Deshalb lieber erst nach dem Braten das Salz zugeben.

KALBFLEISCH

✳ Einlegen
Wenn das Kalbfleisch nicht zart und saftig genug ist, sollten Sie es am besten über Nacht in Milch einlegen. Fehlt dafür die Zeit, können Sie das Kalbfleisch stattdessen auch blanchieren.

✳ Helles Kalbfleisch
Lange Zeit galt helles, fast weißes Kalbfleisch als besonders wertvoll

und schmackhaft. Wie man heute weiß, handelt es sich dabei jedoch tatsächlich um Fleisch, das nur sehr wenig Eisen enthält. Bevorzugen Sie deshalb lieber rosafarbenes Kalbfleisch, das im Anschnitt nicht glänzen sollte.

KURZGEBRATENES

✳ Geschnetzeltes
Fleisch für Geschnetzeltes besser zuerst in Mehl wenden und danach braten. Sie sollten das Geschnetzelte lieber erst nach dem Garen salzen, sonst wird das Fleisch zu hart.

✳ Steaks
Achten Sie beim Kauf von Steaks darauf, dass sie mindestens zwei Zentimeter dick geschnitten sind.

✳ Steaks braten, Garzeit
Es hängt ganz davon ab, welches Steak gebraten wird und ob es blutig, medium oder vollständig durchgebraten sein soll: Die Garzeiten liegen im Minutenbereich, und bereits eine Minute mehr oder weniger verändert den Garzustand des Steaks.

LAMM- UND HAMMELFLEISCH

✳ Hammelfleisch
Hammelfleisch sollte einige Tage vor dem Zubereiten in Butter-

Zum Wenden das Fleisch nicht anstechen, sondern mit einem Bratenwender drehen. Wenn Sie mit einer Gabel in das Fleisch stechen, würde Bratensaft austreten und so das Fleisch trocken und zäh werden.

milch eingelegt werden. Es schmeckt dann wie Wild. Auch der Geschmack verbessert sich, wenn man es mit einem feuchten Tuch abwischt und mit einer Mischung aus zwei Esslöffeln Olivenöl und dem Saft von 1 Zitrone, nach Geschmack auch noch mit einer aufgeschnittenen Knoblauchzehe, einreibt. Danach etwa zwei Stunden ziehen lassen.

✳ Lammkoteletts
Die Koteletts wölben sich beim Braten oder Grillen nicht, wenn das Fett an den Kanten in Zentimeterabständen eingeschnitten wird. Beim Braten kein weiteres Fett zugeben, das aus dem Fettrand austretende Fett reicht voll und ganz zum Braten.

✳ Qualität
Ist der Fettrand um das Lammkotelett herum fast weiß, stammt das Fleisch von einem jungen Tier.

Braten Sie Fleisch in einer beschichteten Pfanne, sollten Sie mit einem beschichteten Bratenwender arbeiten, um den Boden der Pfanne nicht zu zerkratzen.

Wichtig!
Wer einen empfindlichen Magen hat, sollte scharf angebratenes Fleisch besser meiden. Die Röststoffe, die dem Fleisch den herzhaften Geschmack geben, liegen nämlich ausgesprochen schwer im Magen.

SCHINKEN, SPECK UND WURST

✻ Angeschnittene Wurst lagern
Bedecken Sie die Schnittfläche einer angeschnittenen Wurst mit Alufolie oder Pergamentpapier, und befestigen Sie die Folie zusätzlich mit einem Gummiring. So wird die Schnittfläche nicht grau.

✻ Bratwurst ganz fein
Bestreichen Sie die Bratwürste vor dem Braten mit Senf – am besten mit Dijon-Senf oder grobkörnigem Champagnersenf. So werden die Würste besonders delikat.

✻ Brühwürste erhitzen
Wiener Würstchen oder andere Brühwürste nur im offenen Topf

Diätbratwurst
für ca. 3 kg Wurst

2,5 kg Kalbfleisch
500 g Schweinefleisch
30 g Salz • je 3 g Zucker und Paprika
1,5 g Majoran
Kalbs- oder Schweinesaitlinge

1. Kalb- und Schweinefleisch durch die mittlere Scheibe des Fleischwolfes drehen.

2. Mit den Gewürzen gut vermischen und abschmecken.

3. Verwenden Sie den Füllaufsatz des Fleischwolfes, um die Mischung in Kalbs- oder Schweinesaitlinge zu füllen.

4. Die Würste kurz überbrühen. Die Würste recht zügig verbrauchen.

Hausmacher Sülze
für ca. 3 kg

1 kg Fleisch vom Schweinekopf
1 kg durchwachsenes Bauchfleisch ohne Schwarte • 2 Schweinepfoten
0,5 l Gelierbrühe
1/2 Tüte Sauerbratengewürz
Salz, Zucker • 0,5 l Kräuteressig

1. Das Fleisch kochen, in Stücke schneiden und zweimal durch die feine Scheibe des Fleischwolfes drehen. Die Masse in eine Form geben.

2. In die Gelierbrühe das Sauerbratengewürz geben und noch 10 Minuten mitziehen lassen. Die Brühe mit Salz und Zucker abschmecken.

3. Brühe und Kräuteressig mischen und über das Fleisch in die Form geben. Zum Gelieren kalt stellen.

Nur beste Qualität:
Essen Sie grundsätzlich lieber seltener, dafür aber wirklich nur hochwertiges – teureres – Fleisch.

Wissen rund um die Wurst

Wurstart	Herstellung	Sorten
Rohwürste (ca. 560 Sorten)	Aus zerkleinertem rohem Fleisch und Speck sowie Salz, Zucker und Gewürzen. Haltbar gemacht durch Säuern, Salzen, Trocknen und Räuchern. Das enthaltene Fleisch bleibt dabei roh.	Schnittfest: Salami, Cervelat Streichfähig: Tee- und Mettwurst. Durch den langen Trocknungsprozess können Rohwürste lange gelagert werden.
Brühwürste (ca. 780 Sorten)	Aus Fleisch, Speck, Salz, Gewürzen und Wasser wird Brät hergestellt, das in Därme gefüllt und gebrüht wird.	Fleischwurst, Leberkäse, Lyoner, Bierschinken, Jagdwurst, Bockwürste, ca. 20 bis 35 Prozent Fett
Kochwürste (ca. 370 Sorten)	Das Brät wird aus vorgekochtem, zerkleinertem Fleisch, vor allem Innereien, gemischt mit Speck, Zunge und Gewürzen hergestellt. Nach dem Abfüllen in die Därme nochmals hitzebehandelt.	Leberwurst, Blutwurst, Zungenwurst, Sülzen, Aspikwaren, Sülzwürste, Corned Beef, ca. 15 bis 50 Prozent Fett

erhitzen und die Wassertemperatur kurz vor dem Siedepunkt halten. So platzen die Würste nicht.

✳ Leichtes Häuten
Besonders leicht lässt sich die Wurst häuten, wenn man sie nach dem Garen ganz kurz unter kaltes Wasser hält.

✳ Platzende Bratwurst
Die Würste vor dem Braten mit kochendem Wasser übergießen, dann herausnehmen und gut abtrocknen – so platzen sie nicht.

✳ Schinken aufbewahren
Geräucherten Schinken höchstens zwei Wochen im Kühlschrank lagern. Denn mit der Zeit setzt sich Feuchtigkeit auf dem Schinken ab, und er beginnt dadurch leicht zu schimmeln. Lagern Sie den Schinken in ein Tuch gewickelt in einer trockenen, kühlen und gut belüfteten Speisekammer.

✳ Speckscheiben braten
Die Scheiben rollen sich beim Braten nicht ein, wenn man sie mehrmals mit der Gabel einsticht.

✳ Speckschwarten aufheben
Zum Braten von Spiegel- und Rühreiern, zum Backen von Waffeln und auch um Eintopfgerichten Würze zu geben, lohnt es sich, Speckschwarten aufzuheben. Vor dem Braten einfach in der trockenen, heißen Pfanne oder im Topf auslassen oder das heiße Waffeleisen damit einreiben.

> **Wichtig!**
> Ist der Schinken zu salzig, können Sie ihn über Nacht in Milch einlegen. Anschließend gut abtrocknen und recht bald verbrauchen.

SCHWEINEFLEISCH

✳ Größere Teile kaufen

Kaufen Sie Schweinefleisch nicht in Würfel geschnitten oder auf fertig vorbereiteten Fleischspießen.

✳ Qualität

Schweinefleisch, das blassrosa ist und bereits in der Auslage wässrig wirkt, sollten Sie liegen lassen. Es handelt sich um sogenanntes »PSE«-Fleisch (Pale = blass, Soft = weich, Exudated = wässrig), ein Fleisch, das von schnell gemästeten Schweinen stammt und sehr viel Wasser bindet. In der Pfanne schrumpft dieses Fleisch stark ein und wird zäh. Bevorzugen Sie grundsätzlich Fleisch, das von Tieren aus kontrollierter Haltung stammt.

WILD UND WILDGEFLÜGEL

✳ Fasan

Langsam garen:
Schweinebraten mit
Schwarte immer bei
schwacher Mittel-
hitze im Ofen garen.
Kurz vor Ende der
Garzeit legen Sie den
Braten bei hoher
Temperatur unter
den Grill – so be-
kommt er eine schöne
knusprige Kruste.

Kaufen Sie nur junge Fasane. Diese erkennt man an ihrem weichen, kurzen, stumpfen Sporn sowie am biegsamen Brustbein.

✳ Hirsch

Hirschfleisch sollten Sie beim Wildhändler am besten im Herbst oder Winter kaufen, dann erhalten Sie gut abgehangenes Fleisch. Das Fleisch junger Hirsche hat eine dunkle bis braunrote Farbe.

✳ Reh

Frisches Rehfleisch ist während der Sommermonate und im Herbst erhältlich. Im Herbst ist es am schmackhaftesten.

✳ Wildente

Achten Sie beim Kauf des Fleisches unbedingt darauf, dass die Wildente nicht unangenehm riecht – denn dann ist in der Regel auch der Geschmack nicht mehr ideal. Das lässt sich ganz einfach mit einem kleinen »Trick« feststellen: Reiben Sie mit den Fingern unter den Flügeln der Wildente. Riechen Ihre Finger anschließend tranig, schmeckt auch der Vogel nicht anders.

Zum Marinieren legen Sie das Wildfleisch in ein etwas tieferes Gefäß aus Glas, Porzellan oder Edelstahl.

✳ Wildschwein

Wildschweinfleisch schmeckt im November und Dezember am allerbesten. Frisch geschossene Wildschweine müssen zwei Wochen abhängen.

Gefüllte Rippe
für eine größere Tafelrunde

---

2 panierte Kotelettstücke vom Lamm
(je 750 g – 1 kg) • 1 – 2 EL Öl
600 g Äpfel • 200 g Rosinen
50 g Zucker • 100 g Paniermehl

---

1. Bei den Kotelettstücken innen die dünne Haut zwischen den Rippen einschneiden.

2. Den Backofen auf 200 °C vorheizen. Die beiden Fleischstücke – Innenseite nach außen, Rippenende nach oben – zu einem Kreis stellen. Enden mit Küchengarn zusammennähen, unten ein Stück Küchengarn um die Krone binden.

3. Das Fleisch einstechen und die Krone in einen Bräter stellen, das Öl darüber träufeln, mit Salz würzen.

4. Die Äpfel schälen, in kleine Würfel schneiden, mit den Rosinen, dem Zucker und dem Paniermehl vermischen und in die Krone füllen.

5. Die gefüllte Rippe etwa 45 Minuten im Ofen garen.

WILD VORBEREITEN

✳ Hasenfleisch
Hasenfleisch wird besonders zart, wenn es vor dem Braten einen Tag lang in saure Milch oder Buttermilch gelegt wird.

✳ Beizen
Beizen sorgen dafür, dass das Fleisch beim Schmoren besonders zart wird und das Aroma des ganzen Gerichts annimmt. Am beliebtesten für Wildgerichte ist eine Rotweinbeize: Für ein Kilogramm Fleisch rechnet man 1/4 Liter Rotwein, 1/4 Liter Rotweinessig, je sechs Pfefferkörner und Wacholderbeeren, ein Lorbeerblatt und zwei Nelken. Die Flüssigkeit und die Gewürze werden in einem passenden Gefäß gemischt. In diese Beize legen Sie dann das Fleisch. Zum Marinieren sollten Sie immer Gefäße aus Glas, Porzellan oder Edelstahl nehmen. Benutzen Sie keine Behälter aus einfachem Metall: Die Säure greift dieses Material an!

✳ Spicken
Wildfleisch ist meist sehr fettarm. Deshalb sollte man es spicken oder mit Speckscheiben umwickeln. Eine halbe Stunde vor dem Ende der Garzeit die Speckscheiben entfernen, damit der Braten bräunen kann. Der Speck kann mitserviert werden.

Zur gefüllten Rippe – siehe nebenstehendes Rezept – schmecken Kartoffeln und Kraut ausgezeichnet.

> *Wichtig!*
>
> *Bietet man Ihnen beim Einkauf Wildfleisch an, dessen Anschnitt besonders dunkel ist und aus dem Saft austritt, handelt es sich nicht um frische Ware, sondern um aufgetautes Fleisch.*

Fisch, Muscheln & Co.

Bei Fisch und Meeresfrüchten ist Frische oberstes Gebot. Wir verraten Ihnen, worauf Sie achten müssen, damit Sie ganz schnell erkennen, wie es um die Frische der angebotenen Ware bestellt ist.

Ob gegrillt, gedünstet, in der Suppe oder gebraten – richtig zubereitet können die Wasserbewohner für interessante Abwechslung auf dem Tisch sorgen!

FISCH

✳ Augen
Dass der Fisch wirklich frisch ist, erkennt man an seinen klaren, glänzenden Augen. Außerdem müssen die Augen des Fisches leicht gewölbt sein und ein wenig hervorstehen.

✳ Fingertest
Frischer Fisch ist immer fest und elastisch. Sie können die Frische ganz einfach so testen: Drücken Sie mit dem Finger behutsam auf das Fischfleisch. Dabei darf kein Abdruck zurückbleiben.

✳ Fischkonserven
Meeresfisch essen: Kaltmarinaden – z. B. Rollmops oder Bismarck-Hering –, Anchosen – wie Appetitsild oder Schwedenhappen –, Kochmarinaden – beispielsweise Hering in Gelee – und Bratheringe im Glas müssen immer im Kühlschrank aufbewahrt werden.

Zur Deckung des Jodbedarfs sollte man ein- bis zweimal pro Woche Seefisch essen. Achtung: Fisch aus Flüssen, Seen und Teichen (Süßwasserfisch) enthält kein Jod!

✳ Frischhalten
Frischen Fisch in einer Plastiktüte im Kühlschrank lagern. Auf diese Weise bleibt er einige Zeit frisch. Allerdings schmeckt er immer frisch am besten.

✳ Gleichmäßig garen
Wenn Sie einen Fisch im Ganzen garen möchten, schneiden Sie das

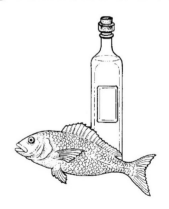

Die Schuppen lassen sich leichter entfernen, wenn man den Fisch zuvor mit etwas Essig einreibt.

110

So schmeckt Fisch am besten

Barsch	Dieser Fisch schmeckt am besten als Filet - schnell in Butter gebraten oder kurz in Wein und Sahne im Ofen gegart.
Karpfen	Er wird vor allem in Teichwirtschaften gezüchtet, am besten schmeckt er von September bis April. Karpfen lässt sich sehr gut zusammen mit Gemüse schmoren.
Rotbarsch	Hat sehr herzhaftes Fleisch, es zerfällt nicht so schnell wie das anderer Fische. Rotbarsch kann man deshalb auch sehr gut zu Fischklößen verarbeiten.
Sardinen	Sie sind preiswert und reich an Nährstoffen; Sardinen lassen sich bestens mit Gemüse kombinieren.
Scholle	Die Scholle gehört auch zu den Plattfischen und schmeckt am besten, wenn sie knusprig gebraten wird. Schollenfilets schmecken gut mit Gemüse.
Thunfisch	Frisch gibt es ihn von April bis Oktober. Der Geschmack erinnert an Rind- und Kalbfleisch. Riskieren Sie ruhig mal die Zubereitung des fast grätenfreien Frischfisches: Ware aus Konserven kann geschmacklich bei weitem nicht mithalten.

Thunfischsaison ist von April bis Oktober, frischen Karpfen bekommen Sie am besten von September bis April. Wenn Sie frischen Fisch kaufen, sollten Sie darauf achten, zu welcher Zeit er am besten schmeckt.

Fischfleisch auf jeder Seite zwei- bis dreimal diagonal leicht ein. Dabei aber nicht bis auf die Gräten schneiden. Durch diese Schnitte durchdringt die Hitze beim Garen den Fisch gleichmäßig.

✳ Gebratener Fisch
Geben Sie eine ganze geschälte Knoblauchzehe und Kräuter wie Salbei oder Rosmarinnadeln ins Bratöl. Dadurch bekommt der Fisch einen feinen Geschmack. Ganze Fische vorher mit einem Messer einritzen, damit das Kräuteröl besser ins Fischfleisch dringt. Darauf achten, dass die Knoblauchzehe nicht verbrennt.

✳ Gegarten Fisch aufbewahren
Gegarten Fisch sollten Sie auf keinen Fall länger als zwei Tage im Kühlschrank aufbewahren.

✳ Geruch
Frischer Fisch duftet angenehm nach Meerwasser, Tang und Salz – auf keinen Fall fischig. Riecht der Fisch bereits unangenehm, kaufen Sie ihn besser nicht.

✳ Heringe braten
Damit Heringe beim Braten nicht auseinander fallen, zuvor eine Stunde lang in Essigwasser einlegen. Dann abtrocknen und wie im Rezept beschrieben verarbeiten.

Wichtig!

Eine Temperatur von 0 °C ist ideal, um Fisch aufzubewahren. Vorsicht: Die Temperatur im Kühlschrank beträgt normalerweise 4 bis 7 °C. Dabei verdirbt der Fisch doppelt so schnell. Bereiten Sie den Fisch deshalb sofort zu, oder lagern Sie ihn bei der richtigen Temperatur.

✳ Kein Fischgeruch beim Kochen

Tränken Sie ein Geschirrtuch mit Essig, und legen Sie es beim Garen zwischen Kochtopf und Deckel. So entweicht kein Fischgeruch.

✳ Kiemen

Bei frischen Fischen leuchten die Kiemen hellrot oder dunkelrosa und sind nicht verschleimt. Kaufen Sie keinen Fisch, bei dem die Kiemen braun oder graurot sind.

✳ Schuppen-Beschaffenheit

Auch an den Schuppen kann man die Frische des Fisches feststellen: Sie müssen fest anliegen und glatt sein.

✳ Supermarkt-Angebote

Im Supermarkt sollten Sie darauf achten, dass der Fisch fachgerecht aufbewahrt wird.

✳ Tiefkühlfisch blau kochen

Tiefgefrorener Fisch lässt sich nicht mehr blau kochen, weil die Schleimschicht des Fisches bereits verletzt wurde.

Auf die Verpackung achten:
Wenn Sie tiefgekühlten Fisch kaufen, geben Sie Acht, dass die Packung nicht mit einer Eisschicht überzogen ist.

FISCH VORBEREITEN

✳ Aal häuten

Weniger glatt und schlüpfrig wird der Fisch, wenn Sie ihn vor dem Häuten mit reichlich grobkörnigem Salz einreiben. So lässt er sich leichter häuten.

✳ Blau kochen

Fisch, der blau gekocht werden soll, darf nur innen gründlich ausgespült werden; die äußere Schleimschicht muss unbedingt unverletzt bleiben.

✳ Salzen

Den Fisch erst unmittelbar vor dem Garen salzen, so bleibt er schön saftig.

✳ Salzheringe

Unbedingt vor dem Verbrauch wässern. Auch Matjesheringe vertragen ein etwa einstündiges Wasserbad, bevor man sie serviert.

✳ Schuppen

So entfernen Sie die Fischschuppen: Mit einer Schere die Flossen des nicht ausgenommenen Fisches Richtung Kopf abschneiden. Den Fisch am Schwanz mit Küchenpapier über das Spülbecken halten und mit dem Rücken eines stabilen Messers zum Kopf hin die Schuppen abschaben.

KRUSTENTIERE UND MEERESFRÜCHTE

✳ Austern einkaufen

Bei Austern im Korb sollten Sie stets darauf achten, dass die Schalen fest geschlossen sind. Offene Austern müssen unbedingt weggeworfen werden. Frische Austern

Fisch richtig garen

Blau kochen	Fische, die von einer Schleimschicht umgeben sind (Forellen, Saiblinge, Felchen, junge Hechte, Karpfen), werden bei geringer Temperatur pochiert. Die Schleimschicht darf vorher nicht abgewaschen werden – denn sie sorgt dafür, dass der Fisch »blau« wird. Ein Schuss Essig im Sud verstärkt die Farbe.
Dämpfen	Fischfilets oder ganze Fische werden besonders schonend im Dampf zubereitet. Das Fischfleisch laugt dabei nicht aus. Legen Sie die Fische in einen Dämpfkorb aus Metall oder Bambus, und garen Sie sie im gut verschlossenen Topf im Wasserdampf.
Braten	In der Pfanne, nach »Müllerin Art«: Ein hauchdünner Mehlmantel macht den Fisch innen saftig und außen knusprig. Den Fisch höchstens 5 bis 8 Minuten auf jeder Seite braten.
Backen	Große, ganze Fische garen am besten bei niedriger Temperatur (höchstens 180 °C) im Ofen.
In Folie	Die Folie mit Öl einpinseln. Den Fisch würzen, mit Zitrone beträufeln, auf die Folie legen und einschlagen. Im Ofen je nach Größe garen.

Weitere Methoden, Fisch im Backofen zuzubereiten, sind das Garen in einer Papierhülle bzw. das Backen in Salz.

immer flach liegend transportieren, damit sie unterwegs kein Wasser verlieren.

✳ Austern zubereiten
Austern werden oft roh auf Eis serviert. Man kann sie aber auch pochieren oder kurz überbacken.

✳ Frischemerkmal
Krustentiere sind äußerst leicht verderblich und müssen so schnell wie möglich zubereitet werden. Die Frische der Meerestiere erkennen Sie daran, dass das Fleisch beim Garen auf keinen Fall zerfällt.

✳ Frische von Hummern, Langusten und Krabben
Wenn diese Krustentiere beim Berühren ihren Schwanz verlieren, sind sie wirklich lebendfrisch.

✳ Frittieren
Gepanzerte Meerestiere sollten Sie nach dem Waschen immer sehr sorgfältig trockentupfen, da sich sonst später beim Frittieren die Umhüllung löst.

✳ Garmerkmal
Werden frische, rohe Krustentiere in der Pfanne gebraten, sind sie gar, wenn die Schale rosa wird.

Wichtig!

Fische eignen sich zum Marinieren, Grillen und Braten. Verwenden Sie zum Marinieren Olivenöl, Zitronensaft, Knoblauch und Kräuter. Interessant schmeckt Fisch auch, wenn Sie ihn vor dem Braten in eine Mischung aus verdünnter Sojasauce, Ingwer und Zitronengras einlegen.

Alles über Heringe

- Matjesheringe (das sind junge Heringe ohne Rogen) sind besonders leicht verderblich und kommen deshalb gesalzen oder mariniert in den Handel.
- Verpackte Matjesheringe sind mit »M« gekennzeichnet.
- Mit »V« deklarierte Heringe sind Vollheringe (also ältere Tiere, kurz vor dem Laichen).
- Schon abgelaichte Heringe heißen Leerheringe und sind mit einem »X« gekennzeichnet.
- Finden Sie zusätzlich ein »F« auf der Packung, bedeutet dies, dass die Heringe einen hohen Fettgehalt haben: bis zu 23 Prozent.
- Der frische, unverarbeitete Hering kommt von Juli bis Dezember als grüner Hering auf den Markt. Geräuchert wird er als Bückling angeboten.
- Außerdem bekommen Sie den grünen Hering als marinierten Brathering im Handel.
- Salzheringe muss man vor dem Verbrauch wässern!

✳ Garnelen
Hier gibt es viele Sorten: Mit dem Begriff Garnelen sind die kleinen Nordseekrabben ebenso wie Crevetten, größere Shrimps und die großen Riesengarnelen gemeint.

Garnelen zum Garen vorbereiten:
Drehen Sie den Kopf der Garnele ab, danach den »Panzer« mit den Fingern behutsam aufdrücken. Ritzen Sie mit einem scharfen Messer entlang des dunklen Darmstranges, und entfernen Sie ihn vorsichtig.

✳ Krustentiere kaufen
Beim Kauf von Krustentieren immer zuerst die Körper der Tiere begutachten: Sie müssen glänzend, feucht und fest sein. Frische Krustentiere haben außerdem eine leuchtend frische Farbe. Gekochte Krustentiere sehen rosa aus.

✳ Tintenfische
Bei frischen Tintenfischen liegen die Fangarme am Körper an, und die Saugnäpfe fallen bei Berührung nicht ab. Das Fleisch sollte glänzend, feucht und fest sein.

MUSCHELN

✳ Frische Ware
Die Schalenhälften sind fest geschlossen oder schließen sich bei leichtem Anklopfen. Frische Muscheln duften nach Seewasser.

Beim Kochen öffnen sich die Muscheln. Tun sie das nicht, werfen Sie sie weg.

✳ Gekochte Muscheln

Nur die Muscheln sind genießbar, die sich auch während des Garprozesses geöffnet haben. Geschlossene gegarte Exemplare aussortieren und wegwerfen.

✳ Muscheln abkühlen lassen

Wenn Sie Muscheln oder auch Garnelen – etwa für einen Salat – kalt servieren möchten, sollten Sie sie zuvor möglichst im Sud abkühlen lassen, damit ihr Fleisch schön saftig bleibt.

✳ Küchenfertige Muscheln

Wenn Sie bereits geputzte Muscheln – also Exemplare ohne Seepocken und Bart – gekauft haben, müssen diese noch am selben Tag verwertet werden.

✳ Saison

Besonders frische Muscheln bekommt man in den Monaten mit »r« am Namensende, wie Januar oder September.

Das perfekte »Muschelbesteck«: Mit einer leeren Muschelschale zupfen Sie das Muschelfleisch aus den restlichen Schalen.

✳ Zubereiten

Muscheln werden oft blanchiert: Die Muscheln zehn Minuten sprudelnd kochen, dann ziehen lassen.

Frische Muscheln sind in rohem Zustand geschlossen. Sie öffnen sich erst beim Kochen.

Fische und Meerestiere

Süßwasserfische	Seefische	Plattfische	Krustentiere
Flussaal	Dorsch (Kabeljau)	(Seefische)	Garnele
Barsch	Kaiserbarsch	Flunder	Hummer, Languste
Renke	Knurrhahn	Glattbutt	Kaisergranat (Scampo)
Felchen	Merlan	Heilbutt	Flusskrebs
Forelle	Red Snapper	Petersfisch	**Schaltiere**
Hecht	Rotbarbe	Scholle	Auster
Karpfen	Rotbarsch	Seezunge	Jakobsmuschel
Lachs	Schellfisch	Steinbutt	Miesmuschel
Bachsaibling	Schwertfisch	**fette**	Herzmuschel
Stör	Seelachs (Köhler)	**Seefische**	Venusmuschel
Trüsche	Seeteufel	Heringe	**Mollusken**
Wels	Thunfisch	Makrele	Tintenfisch
Zander	Wolfsbarsch	Sardine	Kalmar

Allerlei zum Süßen & Würzen

Gewürze geben den meisten Gerichten erst das gewisse Etwas. Dabei kommt es aber auf die passende Auswahl und die richtige Dosierung an: Schließlich sollen Gewürze den Geschmack eines Essens verfeinern und nicht überdecken.

Wer kennt das nicht: Der Appetit auf etwas Süßes nach einem leckeren Essen! Hier finden Sie Tipps, wie Ihr Dessert zum krönenden Abschluss eines gelungenen Menüs wird.

HONIG UND SIRUP

✽ Kristallisierter Honig

Ist der Honig kristallisiert, lässt er sich in einem Wasserbad bei 40 bis 50 °C wieder verflüssigen. Dabei sollte der Honig jedoch nie direkt erhitzt werden. Wertvolle Bestandteile würden sonst zerstört werden. Deshalb sollte man Honig auch immer erst an die fertig zubereiteten Speisen geben und auf keinen Fall mitkochen.

✽ Honiglöffel

Metallgegenstände wie z. B. Löffel werden durch die im Honig enthaltenen Säuren angegriffen, und der Geschmack des Honigs verändert sich. Deshalb sollten Sie niemals einen Metalllöffel im Honig lassen. Am besten sollten Sie gleich einen Löffel aus Holz, Kunststoff oder Perlmutt für den Honig »reservieren«.

Marzipankartoffeln:
So stellen Sie die süße Leckerei einfach selbst her: Marzipan zu Kugeln formen, in Kakaopulver wenden – fertig.

✽ Zuckersirup

Der flüssige Zucker ist für Mixgetränke und auch Eiskremmasse geeignet, weil er sich im Unterschied zum Kristallzucker besonders schnell auflöst. Zuckersirup können Sie ganz einfach selbst herstellen: Dazu 1 Liter Wasser zum Kochen bringen. Ein Kilogramm Kristallzucker in das kochende Wasser schütten und einige Minuten rühren, bis sich der Zucker vollständig aufgelöst hat und die Flüssigkeit klar ist. Je länger der Sirup kocht, umso dickflüssiger wird er. Achten Sie darauf, dass Sie sich nicht mit dem heißen Sirup bespritzen. Seine Temperatur ist höher als die von kochendem Wasser, und auch kleine Spritzer könnten deshalb zu schmerzhaften Verbrennungen führen. Den fertigen Sirup lassen Sie abkühlen und füllen ihn dann mit Hilfe eines Trichters in eine Flasche ab.

Schokolade

Schokoladensorte	Merkmale
Aero-Schokolade	In die »Luftschokolade« werden zahlreiche Bläschen geblasen. Sie ist locker und leicht, sie zerfällt beim Hineinbeißen in viele kleine Krümel.
bittere (herbe) Schokolade	Die so genannte »Herrenschokolade« besteht zu mindestens 60 Prozent aus Kakaotrockenmasse.
Halbbitter-, Zartbitterschokolade	Enthält 18 Prozent Kakaobutter. Sie hat einen ausgeprägten Kakaogeschmack mit angenehmer, leicht bitterer Note.
Kuvertüre	Schokoladenüberzugmasse zum Verzieren von Gebäck und Kuchen; enthält mindestens 31 Prozent Kakaobutter, deshalb lässt sich Kuvertüre so gut schmelzen.
Milch-, Vollmich-, Sahneschokolade	Schokolade mit mildem, süßem Geschmack. Hat nur einen relativ geringen Anteil an Kakaotrockenmasse.
Mokkaschokolade	Durch Zusätze von Kaffeepulver oder Mokkapaste wird der entsprechende Geschmack erreicht.
Noisette-Schokolade	Sie enthält 20 bis 40 Prozent sehr fein gemahlene Haselnüsse.
Weiße Schokolade	Diese Schokolade wird ohne Kakao hergestellt. Statt dessen enthält sie mindestens 20 Prozent helle Kakaobutter.

MARZIPAN

❋ Marzipan

Die edle Masse lässt sich ganz leicht selbst herstellen: Drehen Sie geschälte Mandeln mehrfach durch die Mandelmühle, bis sie ganz fein sind. Dann verkneten Sie die gemahlenen Mandeln mit der gleichen Menge Puderzucker. Fügen Sie etwas Eiweiß hinzu, so dass eine glatte, gebundene Masse entsteht, und verkneten Sie alles miteinander. Gut zugedeckt können Sie dieses Marzipan etwa eine Woche im Kühlschrank aufbewahren.

❋ Marzipanrohmasse

Zum Backen, zum Verzieren von Kuchen oder zum Formen von Figuren gibt es fertige Marzipanrohmasse zu kaufen. Sie lässt sich leicht weiterverarbeiten, wenn sie im Verhältnis 2:3 mit Puderzucker verknetet wird: z.B. 200 Gramm Puderzucker mit 300 Gramm Marzipanrohmasse mischen.

SCHOKOLADE

❋ Restliche Schokoladenfiguren

Wenn zu Ostern und Weihnachten Schokoladenhasen und süße Weih-

Wichtig!

Honig und Zucker geben vielen Speisen erst das richtige Aroma. Beides schmeckt aber sehr intensiv: Sie sollten Honig und Zucker daher nur sparsam verwenden, um nicht alle anderen Aromen zu überdecken.

nachtsmänner übrig sind, schmelzen Sie alles, und überziehen Sie den nächsten Kuchen damit.

✳ Pralinen

Schnell gemacht sind kleine Pralinen, wenn man Nüsse einzeln in geschmolzene Schokolade taucht und auf Folie trocknen lässt. Bis zum Verzehr kühl lagern. Statt dessen können auch Trockenfrüchte verwendet werden.

SÜSSSPEISEN

✳ Fruchtpürees

Aus fast allen Früchten lassen sich Pürees herstellen. Besonders geeignet sind Brombeeren, Erdbeeren, Himbeeren, Aprikosen, Pflaumen, Kiwis und Mangos. Pürieren Sie etwa 500 Gramm gesäuberte Früchte. Dann eventuell durch ein

Sieb streichen und mit einem Esslöffel Puderzucker süßen. Die Pürees eignen sich als Sauce zu Eis, Mousses oder Pudding. Außerdem kann man daraus Milchmixgetränke herstellen oder Joghurt und Quark damit verfeinern.

✳ Gelatinehaltige Desserts

Desserts mit viel Gelatine sollten nicht länger als zwei Tage im Kühlschrank aufbewahrt werden. Sie dürfen auch nicht eingefroren werden.

✳ Kompott verfeinern

Mit dem passenden Alkohol lassen sich Kompotte verfeinern. So passt Armagnac gut zu Pflaumen, und Äpfel schmecken lecker in etwas Calvados.

✳ Pudding ohne Haut

Streuen Sie etwas Zucker über den gekochten Pudding, oder lassen Sie ein Stück Butter auf der heißen Oberfläche des Puddings zerlaufen, so bildet sich beim Abkühlen keine Haut.

✳ Pudding und Gelee stürzen

Spülen Sie die Form, in die der Pudding soll, vor dem Einfüllen mit kaltem Wasser aus. Vor dem Stürzen der gut gekühlten Süßspeise die Form ganz kurz in warmes Wasser setzen, so lassen sich Pudding und Gelee einwandfrei aus ihren Formen befreien.

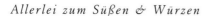

Pudding – als Auflauf zubereitet:
Die Masse nach Rezept zubereiten, in eine gefettete Auflaufform füllen, mit Butterflöckchen belegen und bei 200 °C etwa 1 Stunde backen.

Wenn Sie die Schälchen, in denen Sie Speiseeis servieren wollen, einige Zeit vorher in den Kühlschrank stellen, schmilzt das Eis darin später nicht so schnell, und Ihr Dessert sieht länger gut aus.

✻ Sorbets

Die gefrorenen Fruchtpürees aus Fruchtsaft, Zucker und Säure lassen sich auch mit Sekt und Champagner servieren. Dazu die Früchte (etwa 500 Gramm) mit 200 Gramm Zucker, 30 Milliliter Wasser und einer kleinen Zitrone kochen. Alles abkühlen lassen und durch ein Sieb streichen. Danach kühl stellen und einfrieren. Vor dem Servieren mit einem Löffel Nocken von der Fruchtmasse abstechen, in Gläser geben und zum Schluss mit Sekt oder Champagner auffüllen.

ZUCKER

✻ Aufbewahren

Zucker am besten in gut schließenden Gläsern oder Dosen aufbewahren, damit er nicht zusammenklebt.

✻ Brauner Zucker

Ist brauner Zucker verklumpt, wird er wieder weich und streufähig, wenn man eine Brot- oder Apfelscheibe dazulegt. Wer es eilig hat, raspelt den Zucker statt dessen auf einer feinen Reibe. Oder Sie geben den Zucker zusammen mit einer ofenfesten Tasse voll Wasser in einen großen Bräter und lassen ihn etwa zehn Minuten lang zugedeckt im auf 100 °C erhitzten Backofen stehen – auch so wird der Zucker wieder streufähig.

✻ Puderzucker, klumpiger

Geben Sie den Zucker auf ein Backblech, und erwärmen Sie ihn bei schwacher Hitze. Anschließend den Puderzucker in einen Folienbeutel umfüllen, den Beutel verschließen und die Klumpen mit einer Teigrolle zerkleinern.

Es muss nicht immer nur Kristallzucker sein: Probieren Sie doch auch einmal Rezepte mit braunem Rohrzucker aus!

Welcher Zucker wofür?

Zuckerart	Aussehen	Verwendung
Einmachzucker	grobkörnig	zur Herstellung von Konfitüren und Gelees
Gelierzucker	Raffinade	zur Herstellung von Konfitüren und Gelees
Hagelzucker	grobe Körner	zum Bestreuen von Gebäck und Desserts
Kandis	weiße oder braune Stücke	für Tee und Grog
Kandisfarin	braun und grob	für Backwaren
Puderzucker	staubähnlich	für Glasuren und zum Bestäuben von Gebäck und Desserts
Traubenzucker	sehr fein; oft in Tafeln gepresst	als »Energiespender« zwischendurch
Würfelzucker	würfelförmig	für Kaffee, Tee
Zuckerhut	Kegelform	Zutat für Feuerzangenbowle

✳ Puderzucker fehlt

Geben Sie Haushaltszucker zwischen zwei Lagen Pergamentpapier, und bügeln Sie mit einem warmen Bügeleisen so lange darüber, bis der Zucker zu Staub zerfällt.

✳ Puderzuckerglasur

Der fein gemahlene Zucker eignet sich besonders gut für Desserts und zartes Gebäck, weil er sich rasch auflöst. Ebenso bietet er sich für Glasuren an. Für eine Glasur 150 bis 180 Gramm Puderzucker mit einem Eiweiß und zwei Teelöffeln Zitronen- oder Orangensaft zubereiten. Alle Zutaten so lange miteinander verquirlen, bis eine sämige, gut streichfähige Masse entstanden ist.

✳ Zucker karamellisieren

In einer Edelstahlpfanne Zucker erhitzen, bis er sich hellbraun färbt. Dann die Pfanne sofort vom Herd ziehen und nach Wunsch Nüsse oder anderes unterrühren.

Heißes Karamell:
Wenn Sie Karamell selbst herstellen, geben Sie gut Acht, dass Sie keine Spritzer von der heißen Süßigkeit abbekommen: Karamell ist nämlich ausgesprochen heiß.

Zum Schneiden von kandierten Früchten das Messer vorher in heißes Wasser tauchen, dann lassen sich die Kanditen ganz leicht schneiden.

FRISCHE KRÄUTER

✳ Aufbewahren

Frische Kräuter können Sie monatelang aufbewahren, wenn Sie die gewaschenen, fein gehackten Blättchen mit Salz vermischt in ein verschließbares Glas geben und im Kühlschrank aufbewahren. Und zwar im Verhältnis ein Teil Salz auf vier Teile Kräuter. Diese Kräuter sollten Sie jedoch nur sparsam verwenden, um die Speisen nicht zu versalzen!

✳ Einfrieren

Kräuter waschen, gut trockenschütteln und abzupfen, hacken und in Eiswürfelbehälter geben. Die Kräuter mit Wasser oder Brühe begießen. Dann ins Tiefkühlgerät stellen. Wenn die Kräuterportionen gefroren sind, diese in einen Gefrierbeutel umfüllen und nach Bedarf portionsweise entnehmen. Die gefrorenen Kräuter immer ohne Auftauen an die Speisen geben.

✳ Einlegen

Frische Kräuter können auch durch Einlegen in Essig oder Öl haltbarer gemacht werden. Dafür die Kräuter fein zerkleinern, in ein lichtundurchlässiges Gefäß (Glas oder Keramik) füllen und mit Öl oder Essig übergießen. Die Kräuter sollen daumenbreit von Essig oder Öl bedeckt sein.

Das Kräuter-ABC

Gewürz	Geschmack	Verwendung
Basilikum	pfefferähnlich, leicht süß	zu süßen und pikanten Speisen, vor allem zu Tomaten- und Eiergerichten
Beifuß	leicht bitter	zu fetten Gerichten (Gänsebraten oder Hammel); Beifuß stets mitkochen!
Bohnenkraut	herb-würzig	zu allen Bohnengerichten; das Kraut kann man auch gut in Essig einlegen
Borretsch	leicht salzig, gurkenähnlich	zu Salaten; zu Erbsen- und Bohnensuppe
Brunnenkresse	leicht bitter	zu Salat und als Suppe
Dill	frisch-aromatisch, kümmelähnlich	zu Fischgerichten, in Vinaigrette, zu Gurkensalat
Estragon	bittersüß, würzig	zu Ratatouille, für Sauce béarnaise
Kerbel	frisch und würzig	Kerbelsuppe, zu Eier- und Käsegerichten, in Kerbelbutter
Liebstöckel	kräftig-würzig, sellerieähnlich	zu Suppen und Eintöpfen
Lorbeer	kräftig-würzig	zu Fisch, zum Marinieren von Sauerbraten und Wild
Majoran	kräftig-würzig, stark aromatisch	zu Fleisch, Geflügel; zu Gurken und Zucchini, Kartoffeln und Paprika
Oregano	leicht herb, aromatisch	zu Pizza und Spaghetti
Petersilie	würzig, leicht bitter	zu Salaten, Saucen, Suppen, Gemüse und Fisch
Pfefferminze	aromatisch-frisch	zu Obstsalaten und Drinks, zu Erbsen und Karotten
Rosmarin	stark aromatisch, herb-bitter	zu Lamm, auch zu Wild, Fisch und Schweinefleisch, in Tomatensaucen
Salbei	leicht bitter	zu Schwein, Ente, Tomaten und Salat
Schnittlauch	zwiebel- und lauchähnlich	zu Salaten, Fleischbrühen und Gemüse-suppen, zu Quark, Kartoffeln und Rührei
Thymian	aromatisch-bitter	zu Fleisch und Fisch, zu Suppen und Kräutersaucen
Zitronenmelisse	zartwürzig, zitronenähnlich	zu Salaten und Drinks

❋ Kräuterbund

Wenn Sie zum Strauß gebundene Kräuter kaufen, sollten Sie den Gummiring oder Bindfaden zu Hause gleich entfernen. Dann die Stielenden abschneiden und die Kräuter in Alufolie wickeln. Im Kühlschrank bleiben sie so mehrere Tage lang frisch.

❋ Kräutermischung

Wenn Sie selbst eine Kräutermischung aus frischen Kräutern zusammenstellen möchten, geben Sie zwei Drittel Schnittlauch zu: So entfalten die übrigen Kräuter in der Mischung nämlich ihre Würzkraft besser.

❋ Im Mörser zerstoßen

Kräuterblättchen am besten zusammen mit grobem Meersalz zerstoßen. Da diese Salzkörner sehr scharfe Kanten haben, lassen sich die Kräuter ganz leicht zu einer feinen Paste zerstoßen.

❋ Schneiden

Kräuter immer auf Kunststoffbrettern schneiden, nicht auf Holzbrettern, da diese den Kräutersaft aufsaugen.

❋ Vitamine

Man sollte zum Würzen möglichst oft frische Kräuter verwenden. Sie enthalten mehr Vitamine und Mineralstoffe als getrocknete oder tiefgekühlte Kräuter. Im Winter sollten Sie jedoch tiefgekühlte Kräuter den frischen aus dem Treibhaus vorziehen.

❋ Waschen

Frische Kräuter stets unter fließendem, kaltem Wasser waschen. Danach auf einem Küchentuch gut abtropfen lassen. Müssen Sie größere Mengen großblättriger Kräuter reinigen, können Sie diese danach auch mit Hilfe einer Salatschleuder trocknen.

❋ Würzkraft

Basilikum, Dill, Estragon, Salbei und Thymian besitzen nach dem Einfrieren eine höhere Würzkraft als im frischen Zustand. Grundsätzlich haben auch getrocknete Kräuter – wenn man sie vorschriftsmäßig und nicht zu lange aufbewahrt – ein intensiveres Aroma als frische.

> *Wichtig!*
>
> *Haben Sie die Schachteln von Tiefkühlkräutern einmal geöffnet und aufgetaut, bitte nicht wieder einfrieren. Stellen Sie die Kräuter in einer Kunststoffdose in den Kühlschrank, und verbrauchen Sie sie innerhalb eines Tages.*

Manchmal benötigt man besonders fein zerstoßene Kräuter – z.B. um selbst ein leckeres Pesto herzustellen. Geben Sie dazu die Kräuter zusammen mit Meersalz in einen Mörser.

REZEPTE MIT KRÄUTERN

Steckrübengemüse
für 4 Personen

1 Zwiebel • 500 g Steckrüben
30 g Butter • 1 l Fleischbrühe
1 TL fein gehackter Beifuß
Salz, Pfeffer • 1 Bund Schnittlauch

1. Die Zwiebel schälen und würfeln. Die Steckrüben schälen, putzen und ebenfalls würfeln.

2. Die Butter in einem Topf erhitzen und die Zwiebel darin bei schwacher Hitze glasig werden lassen.

3. Die Steckrüben dazugeben und 3 Minuten mitdünsten.

4. Die Fleischbrühe und den Beifuß zugeben, alles weitere 15 Minuten köcheln lassen. Dann salzen und pfeffern. Die Flüssigkeit abgießen.

5. Den Schnittlauch fein hacken und über das Gemüse streuen.

Salbeiküchlein
für 2 Personen

12 frische Salbeiblätter • 200 g Mehl
200 ml Bier (am besten Export oder Pilsener)
4 Eigelbe • 2 Eiweiß
Zucker • Salz • Ausbackfett

1. Die Salbeiblätter waschen und trockentupfen. Das Mehl mit dem Bier verrühren, dann das Eigelb hinzufügen.

2. Den Teig 10 Minuten stehen lassen. Das Eiweiß mit dem Zucker steif schlagen und mit einer Prise Salz unter den Teig heben.

3. Die Salbeiblätter einzeln durch den Teig ziehen und sofort in reichlich Fett ausbacken.

4. Die Küchlein auf Küchenkrepp entfetten und heiß servieren – als Snack oder als Beilage zu Braten und Käsegerichten.

Frische Kräuter zerkleinern Sie mit einem scharfen Messer, nachdem Sie größere Stiele entfernt haben. Die Kräuter nicht quetschen: Sie werden dann bitter.

✳ Zerkleinern

Frische Kräuter sollte man niemals mit Hilfe eines Pürierstabes zerkleinern: Ihre ätherischen Öle würden sich nämlich verflüchtigen, wenn man die Kräuter in zu kleine Stücke schneidet. Deshalb besser nur ein scharfes Messer verwenden. Sie können die Kräuter sogar lediglich grob mit den Händen zerreißen. Einige Kräuter, wie z. B. Dill und Schnittlauch, können Sie auch mit der Küchenschere klein schneiden.

Frische Kräuter konservieren:
Frische Kräuter aus dem Garten kann man einfrieren oder selbst trocknen.

Welches Gewürz passt wozu?

Gewürz	Geschmack	Verwendung
Anis	stark aromatisch, süß	zu süßen und pikanten Speisen; für Backwerk
Cayennepfeffer	sehr scharf	zu Saucen und Eintöpfen (z. B. Chili con carne)
Curry	scharf-süßlich	für Reisgerichte, Saucen, Geflügel, Fleisch
Fenchel	mild-süßlich	für Brot, Gebäck, Tee
Ingwer	scharf, brennend	für Lebkuchen, Plätzchen, Gulasch, Reisgerichte, Obst
Kapern	herb, leicht scharf	für Ragouts, Frikassee, Saucen, Eiergerichte
Kardamom	scharf, süßlich-würzig	für Lebkuchen, Gewürzkuchen
Knoblauch	süßlich, mild bis scharf	zu Salaten, Gemüse, Gegrilltem
Koriander	scharf, leicht bitter	zu Gemüsen wie Blumenkohl, Sellerie und Roter Bete, Brot, Wildbeize
Kümmel	süßlich	für Brot, Kohlgerichte, Sauerkraut, Hammel, Kartoffeln, Rote Bete
Lorbeer	aromatisch, leicht bitter	für Beizen, Fischsud, Wild, Sauerbraten
Muskat	feinwürzig, leicht bitter	für Lebkuchen, Kartoffelspeisen, Saucen, Wirsing, Kohl
Nelken	scharf, süßlich-würzig	für Gewürzkuchen, Beizen, Wild, Rotkohl, Birnenkompott, Glühwein
Paprika	mild bis brennend scharf	für Gulasch, Geflügel, Käse, Quark, Gemüse, Saucen, Kartoffeln, Reis
Pfeffer	brennend scharf	Körner für Beizen, Fischsud, Wild; gemahlen für fast alle pikanten Gerichte
Piment	würzig	Körner für Beizen, Fischsud, Ragouts, Wild- und Sauerbraten; gemahlen für Lebkuchen
Safran	mild und fein	für Reisgerichte, Hammelfleisch
Senfkörner	scharf bis stechend	für Marinaden, Beizen, zum Einlegen von Gurken; gemahlen zur Herstellung von Senf
Vanille	fein	für Süßspeisen, süße Saucen, Gebäck
Wacholderbeere	aromatisch, süßlich, leicht bitter	zu Schinken, Schwein, Wild und Wildgeflügel
Zimt	würzig süßlich bis scharf	Stangen für Kompott oder Glühwein; gemahlen für süße Saucen und Obstspeisen

KRÄUTER-ABC

✳ Basilikum
Wenn Sie frische Basilikumblätter zwischen den Fingern zerreiben, entfalten sie zunächst ein Melissenaroma, später duften sie eher nach Gewürznelken. Basilikum schmeckt pfeffrig-kühl, leicht scharf und säuerlich.

✳ Basilikum kochen
Wenn Basilikum mitgekocht wird, entwickelt es eine pikante Schärfe.

✳ Basilikum reinigen
Frisches Basilikum sollten Sie nicht unter fließendem Wasser abspülen. Falls es gereinigt werden muss, reiben Sie die verschmutzten Stellen einfach ab. Die Blättchen des Basilikums sollte man nur klein zupfen, keinesfalls hacken.

✳ Beifuß
Mit Beifuß (auch Gänsekraut genannt) wurde früher vor allem Gänsebraten gewürzt. Das Gewürz schmeckt aber auch zu anderen fetten Gerichten, wie etwa Schweinebraten.

✳ Gerichte mit Beifuß
Eine Delikatesse ist Schmalzbrot mit Beifuß sowie Gemüse, das mit reichlich Schmalz und Beifuß zubereitet wird. Beifuß passt auch zu Aal, der durch das bittere Kraut nicht nur an Geschmack gewinnt, sondern auch leichter verdaulich wird.

✳ Dill
Pflanzen aus dem Treibhaus sind feiner, ihr Aroma ist leichter und duftiger. Achten Sie darauf, dass das Kraut kräftig grün ist und nicht schon welk.

✳ Petersilie, Kerbel und Rucola
Für gut eine Stunde in lauwarmes, gezuckertes Wasser legen. Dann das Wasser abschütteln und in eine verschließbare Kunststoffdose betten. Die Kräuter dabei mit einigen Lagen angefeuchtetem Küchenpapier belegen. So halten sie sich mehrere Tage frisch.

✳ Gehackte Petersilie
Bereits zerkleinerte Petersilie bleibt schön grün, wenn Sie etwas Salz darüber streuen.

✳ Petersilie verdirbt schnell
Petersilie in gekochten Gerichten wird schnell sauer. Deshalb sollte man sie besonders in der warmen Jahreszeit nur an Gerichte geben, die schnell verzehrt werden.

✳ Schnittlauch
Schnittlauch immer erst kurz vor dem Verbrauch schneiden – er wird sonst rasch bitter. Schnittlauch schmeckt umso besser, zarter und würziger, je jünger er ist.

Rezepte mit Dill sollten Sie einmal im Sommer ausprobieren: Dann schmeckt das Kraut nämlich am kräftigsten.

> *Wichtig!*
>
> *Beifuß sollten Sie immer ganz besonders sparsam dosieren, da er sehr viele Bitterstoffe enthält.*

GETROCKNETE KRÄUTER

✻ Getrocknete Kräuter
Getrocknete Kräuter stets dunkel, kühl und fest verschlossen aufbewahren. So bleibt das Aroma lange erhalten.

✻ Frische Kräuter durch getrocknete ersetzen
Wenn im Rezept frische Kräuter als Zutat angegeben sind, können Sie ersatzweise auch getrocknete Kräuter verwenden. Nehmen Sie dann allerdings nur die halbe Menge.

✻ Getrockneter Estragon
Legen Sie getrockneten Estragon vor der Verwendung kurz in warmes Wasser, so entwickelt er ein intensiveres Aroma.

GEWÜRZE AUFBEWAHREN UND VERWENDEN

✻ Gewürzmenge
Würzen Sie stets sehr sorgfältig und vor allem nicht zu üppig: Der Eigengeschmack der Speisen soll von den Gewürzen nicht überdeckt, sondern verfeinert und hervorgehoben werden.

✻ Grünen Pfeffer aufbewahren
Angebrochenen grünen Pfeffer aus der Dose immer sofort in ein ver-schließbares Glas umfüllen. Er muss vollständig von Salzlake bedeckt sein. Ist das nicht der Fall, füllen Sie die Flüssigkeit notfalls mit etwas Salzwasser auf. Stellen Sie den Pfeffer in den Kühlschrank. Ist das Glas gut verschlossen, bleibt der Pfeffer hier bis zu einem Jahr frisch.

✻ Klumpiges Salz
Große Salzklumpen lassen sich fein reiben und werden so wieder streufähig. Meersalzklumpen können Sie auch gut für ein entspannendes Vollbad verwenden.

✻ Leichtes Entfernen
Möchten Sie Gewürze wie etwa Lorbeerblätter, Gewürznelken, Kardamomkapseln oder Wacholderbeeren nach dem Kochen aus dem fertigen Gericht entfernen,

Ist der Senf eingetrocknet, kann man ihn durchaus noch weiterverwenden. Einfach mit etwas Essig, Öl und einer Prise Zucker durchrühren.

Fines Herbes:
Unter Fines Herbes versteht man eine fertige Kräutermischung, die besonders in der französischen Küche wichtig ist. Sie enthält stets Petersilie, Kerbel und Schnittlauch. Außerdem können Oregano, Salbei, Thymian, Rosmarin oder Bohnenkraut dabei sein.

füllen Sie diese einfach in ein Mullsäckchen, bevor Sie die Speise damit würzen. Vor dem Servieren können Sie das Säckchen dann ganz einfach wieder aus dem Essen herausnehmen.

✳ Mischen
Kombinieren Sie Gewürze mit Bedacht: Geben Sie allzu viele zu einem Gericht, heben sie sich gegenseitig geschmacklich auf. Manche Gewürze harmonieren auch vom Aroma her überhaupt nicht miteinander.

✳ Paprikapulver nicht rösten
Beim Rösten wird Paprikapulver bitter, weil die in ihm enthaltenen Zuckerstoffe dabei verbrennen. Sie sollten das Pulver deshalb beim Würzen immer erst nach dem Anbraten zugeben.

✳ Rieselfähiges Salz
Um das Salz schön locker zu halten, geben Sie einfach ein paar Reiskörner in den Salzstreuer. Der Reis zieht die Feuchtigkeit aus der Luft an, und das Salz »klumpt« so nicht.

✳ Gewürze selber mahlen
Gewürze wie Koriander, Kreuzkümmel, Anis, Piment und Fenchel sollte man immer kurz vor Gebrauch selbst im Mörser oder einer Gewürzmühle mahlen und nicht bereits gemahlen kaufen. Die in ihnen enthaltenen ätherischen Öle verflüchtigen sich nach dem Mahlen sehr schnell. Besonders intensiv wird das gemahlene Gewürz, wenn man es vor dem Mahlen im etwa 150 °C heißen Backofen ein bis zwei Minuten lang röstet.

Bevorzugen Sie Schnittlauch im Topf: Er wächst immer wieder nach. Beim Kauf darauf achten, dass die Spitzen nicht braun und holzig sind.

Wichtig!

Möchten Sie selbst Kräuteröl herstellen, benutzen Sie ein neutrales Öl, sonst wird der Geschmack der Kräuter beeinflusst. Lassen Sie die gewaschenen und getrockneten Kräuter drei bis vier Wochen im Öl ziehen. Danach das Öl in saubere Flaschen abfiltern und vor Licht geschützt aufbewahren.

Gewürzsaucen

Gewürzsauce	Geschmack	Verwendung
Chilisauce	sehr scharf, brennend	zu scharfen Fleischgerichten
Cumberlandsauce	mild und fruchtig	zu Wild und kaltem Fleisch
Mangochutney	scharf, süß-sauer	zu Rind, Lamm und Geflügel
Sojasauce	würzig, salzig, süßlich	für Reisgerichte, Fleisch und Fisch, asiatische Küche
Tabascosauce	sehr scharf	tropfenweise für Saucen und Gulasch
Tomatenketchup	aromatisch, süßsauer	zu warmem und kaltem Fleisch, Eierspeisen, Pommes frites, Gegrilltem

Ebenso wie Essig können Sie auch Öl mit einigen frischen Kräutern eine ganz besondere Note geben.

WÜRZZUTATEN AUFBEWAHREN UND VERWENDEN

✳ Essig, aromatisch

Einen ganz besonders würzigen Geschmack bekommt der Essig, wenn Sie leicht zerdrückte frische Kräuter – z. B. Thymian – in die Flasche geben.

✳ Essig beim Eierkochen

Geben Sie beim Eierkochen dem Wasser einen Schuss Essig hinzu. Das verhindert das Aufspringen der Eierschalen.

✳ Essig in Fischgerichten

Fischgerichte verlieren ihren typischen – und manchmal auch etwas unangenehmen – Geruch ganz schnell, wenn man ihnen ein wenig Essig beifügt.

✳ Essig in Fleischgerichten

Fleischgerichte werden mit einem Schuss Essig länger haltbar und sind durch ihn außerdem leichter verdaulich.

✳ Essig, Haltbarkeit

Knoblauch schälen: Sie können den Knoblauch auch schälen, indem Sie mit einem schweren Messer auf die Zehen drücken.

Seine Lagerung ist kein Problem. Wichtig ist nur, dass man ihn kühl – jedoch nicht im Kühlschrank! – in einer abgedunkelten und gut verschließbaren Flasche aufbewahrt. Auf diese Weise hält sich der Essig mehrere Monate oder sogar Jahre.

✳ Essig als Konservierungsmittel

Essig ist ein bewährtes Konservierungsmittel, das häufig zum Haltbarmachen von Fleisch, Kräutern, Gemüse und anderen Lebensmitteln eingesetzt wird.

✳ Essig – trüb, aber brauchbar

Steht der Essig recht lange, können sich trübe Ablagerungen bilden. Das Aroma des Essigs leidet darunter jedoch nicht. Gießen Sie den Essig einfach durch einen Kaffeefilter in eine saubere Flasche ab.

✳ Ingwer

Frischen Ingwer erkennt man daran, dass die Wurzel noch fest ist und keine braunen Stellen aufweist. Ältere Pflanzenteile sind runzlig und beim Anschneiden zäh und faserig.

✳ Ingwerwurzel zerkleinern

Frische Ingwerwurzel zum Würzen sollte ganz fein gehackt oder gerieben sein. Sie können das geschälte Stück Ingwer aber auch

Sind die Nelken frisch? Einfach den Daumennagel in das Stielchen der Nelke drücken. Tritt etwas Öl aus, ist das Gewürz frisch.

durch die Knoblauchpresse drücken, falls es mal sehr schnell gehen muss.

✳ Knoblauch, ganz frisch

Ein Kennzeichen dafür, dass es sich wirklich um frischen Knoblauch handelt, sind die prall gefüllten, festen Zehen.

✳ Knoblauchgeruch vermindern

Knoblauch riecht weniger intensiv, wenn man vor dem Schneiden die grünen Triebe entfernt. Soll Knoblauch im Mörser zerrieben werden, geben Sie etwas Salz und Pfeffer dazu: So wird der Geruch ebenfalls etwas abgeschwächt.

✳ Knoblauch leichter schälen

Wenn Knoblauch sich schlecht schälen lässt, tauchen Sie ihn fünf Sekunden lang in kochendes Wasser, danach sofort kurz in kaltem Wasser abschrecken.

✳ Knoblauch mit grünen Spitzen

Achten Sie im Winter darauf, dass die Spitzen der Knoblauchzehen noch nicht grün ausgetrieben sind. Solche Knollen sind überlagert und haben einen aufdringlichen Schwefelgeschmack.

✳ Marinade und Vinaigrette

Gut gelingen Marinade oder Vinaigrette, wenn Sie zuerst sämtliche Zutaten – Salz, Essig, Brühe, Zitronensaft, Senf und weitere

Gewürze – miteinander vermengen. Dann erst das Öl in dünnem Strahl zugießen und nach und nach unterschlagen.

✳ Meerrettich aufbewahren

Kleine Stücke der Meerrettichwurzel aufzubewahren, lohnt nicht, denn schon nach wenigen Stunden haben sich fast alle wichtigen Biostoffe verflüchtigt. Ganze Meerrettichwurzeln können Sie in einer Sandkiste lagern oder – mit Alufolie umwickelt – im Kühlschrank.

✳ Meerrettich mitkochen

Die scharfe Wurzel sollte man niemals mitkochen – Meerrettich verliert so seine Schärfe.

✳ Meerrettich brennt nicht mehr

Wenn Sie Meerrettich einfrieren und ihn noch tiefgefroren reiben, brennt er nicht in den Augen.

Selbst gekochter Fond oder Reste aus dem Glas lassen sich gut in Eiswürfelbehältern, auch Eiswürfeltüten, einfrieren – so haben Sie immer eine Reserve, aus der Sie bei Bedarf rasch eine leckere Sauce zaubern.

Bei einer Vinaigrette sollten sich Essig- und Ölsorten geschmacklich ergänzen: Balsamessig passt zu Olivenöl, Obstessigsorten passen zu Nussölen.

Wichtig!

Kerbel dürfen Sie niemals mitkochen – er würde sonst sein Aroma verlieren. Dieses Gewürz streuen Sie immer erst auf das fertige Gericht. Genau wie Petersilie enthält Kerbel sehr viel Vitamin C.

Getränke

Trinken ist noch wichtiger als Essen. Ohne Flüssigkeit könnten wir nicht lange existieren. Aber Getränke sind nicht allein dazu da, um den Durst zu löschen: Sie sollen erfrischen und beleben, uns aufwärmen oder abkühlen, sie können berauschen oder einfach nur gut schmecken.

BIER

✳ Bier im Fass

Zu einer zünftigen Party gehört einfach Bier – am besten vom Fass. Sie können auch zu Hause eins anzapfen: Viele Brauereien verleihen die Holzfässer und das entsprechende »Handwerkszeug« zum Zapfen. Am besten holen Sie das Fass erst kurz vor dem Fest, dann ist es noch schön kühl. Zum Selbstzapfen gibt es auch 5-Liter-Aludosen, die Sie gut im Kühlschrank kühlen können.

✳ Obergäriges Bier

Dieses Bier vergärt durch eine spezielle Hefe bei Temperaturen zwischen 15 °C und 20 °C. Die Hefe steigt nach dem Gärprozess nach oben und wird dann abgeschöpft. Das hat zu der Bezeichnung »obergärig« geführt. Zu den obergärigen Bieren gehören neben Alt und Kölsch auch Berliner Weiße, Weizenbier und Malzbier, außerdem verschiedene Starkbiere wie Weizenbock oder Weizendoppelbock.

Bier richtig lagern:
Bier sollten Sie maximal sechs Wochen aufbewahren, am besten im Kühlschrank.

✳ Reinheitsgebot

In Deutschland wird das Bier immer noch nach dem Reinheitsgebot gebraut, und zwar aus Gerste, Hopfen, Hefe und Wasser. Trotz dieser wenigen Grundzutaten ist die Vielfalt der Biere groß, und es gibt die unterschiedlichsten Geschmacksrichtungen.

✳ Untergäriges Bier

Es benötigt beim Gärungsprozess niedrige Temperaturen von unter 10 °C. Die Hefe setzt sich dann nach etwa acht Tagen auf dem Bottichboden ab – daher die Bezeichnung »untergärig«. Untergärige Biere sind u. a. Pils, Export, Märzen-, Stark- und Bockbier.

BOWLEN

✳ Kein Verwässern

Wenn Sie Eiswürfel zur Bowle geben möchten, füllen Sie diese zuvor in einen Gefrierbeutel, verschließen Sie ihn, und hängen Sie ihn in die Bowle. So verwässert die Bowle nicht.

Die bekanntesten Biere

Biersorte	Besonderheit
Einfachbier	niedrigster Gehalt an Stammwürze (2 bis 5,5 Prozent), niedriger Alkoholgehalt
Schankbier	Stammwürzegehalt von 7 bis 8 Prozent
Vollbier	Stammwürzegehalt von 11 bis 14 Prozent, das meist-getrunkene Bier; Pils, Export, Alt, Kölsch
Starkbier	Stammwürzegehalt über 16 Prozent; Bockbiere, Porter

Wie Sie ein fröhliches Fest ohne Pannen organisieren, können Sie bei unseren Tipps auf Seite 155 nachlesen.

❋ Kohlensäure
Getränke mit Kohlensäure wie Champagner, Sekt oder Cidre erst kurz vor dem Servieren in die Bowle geben, damit sie schön spritzig wird.

❋ Kühl halten
Geben Sie Eiswürfel auf ein tieferes Tablett, und stellen Sie das Gefäß mit der Bowle darauf.

❋ Weniger Alkohol
Wenn Sie eine Flasche Wein durch Mineralwasser ersetzen, wird die

Stellen Sie das mit der Bowle gefüllte Gefäß auf ein Tablett, das mit Eiswürfeln belegt ist.

Bowle alkoholärmer und damit auch erfrischender.

❋ Würzige Maibowle
Dafür sollten Sie den Waldmeister schon am Vortag besorgen. Denn wenn die Blättchen leicht ange-trocknet sind, geben sie ganz be-sonders viel Aroma ab.

EISWÜRFEL

❋ Gestoßenes Eis
Fachleute nennen die unregel-mäßig zerstoßenen Eisstückchen »crunched ice«. Und so wird's gemacht: Die Eiswürfel auf ein Küchentuch legen und dieses über dem Eis zusammenschlagen. Die-sen »Beutel« auf eine Arbeitsplatte legen und das Eis mit einem Ham-mer zerschlagen. Angeblich soll es auch mit einer Sektflasche funk-tionieren. Die Eisstückchen ins Glas geben und das Getränk dar-auf schütten. Oder das gestoßene Eis in ein Gefäß geben, tiefkühlen und nach Bedarf entnehmen.

Wichtig!

Grundlage jeder Bowle sind leich-te, jedoch immer gute Weine. Die aromagebenden Früchte müssen vollreif sein.

Mineralwasser

Mineralgehalt im Mineralwasser	Geschmack
hoher Schwefel- und Sulfatanteil	eher bitter
hoher Natriumgehalt	eher salzig
hoher Kalziumgehalt	eher trocken und erdig

✳ Hübsche Eiswürfel

Verzehrbare Blüten, wie Kapuzinerkresse-, Veilchen- oder Borretschblüten, im Eiswürfel mit einfrieren. Das macht sich auch hübsch mit transparentem hellem Saft, wie Birnensaft, Traubensaft oder verdünntem rotem Johannisbeersaft. Schön sind auch eingefrorene Beeren oder Kirschen.

✳ Kühlen

Für größere Mengen Fruchtsaft oder für Fruchtsaftbowlen, zum Beispiel für eine Kinderparty, von dem Getränk zuvor Eiswürfel herstellen. Gibt man sie zum Kühlen in den Krug, verwässern sie Saft oder Bowle nicht.

ERFRISCHUNGS-GETRÄNKE

✳ Haltbarkeit

Erfrischungsgetränke sollten bei 4 bis 15 °C dunkel gelagert werden, dann sind sie vier bis sechs Monate haltbar.

✳ Tafelwasser

Tafelwässer sind nahezu unbegrenzt haltbar.

KAFFEE

✳ Aroma verbessern

Dem Kaffee vor dem Überbrühen eine Prise Salz zugeben. Auch eine Tüte Vanillezucker oder ein Teelöffel Kakaopulver runden Kaffee geschmacklich ab.

✳ Aufbewahren

Kaffee muss trocken, kühl und dunkel gelagert werden. Er sollte

Glasklare Eiswürfel:
Stellen Sie Ihre Eiswürfel aus abgekochtem Wasser her, so werden sie wunderbar klar.

Eiswürfel aus Saft oder Bowle verwässern das Getränk beim Kühlen nicht.

nicht neben stark riechenden Lebensmitteln liegen. Am besten behält Kaffee sein Aroma, wenn er luftdicht verschlossen im Kühlschrank aufgehoben wird, besser sogar noch im Tiefkühlgerät. Vor der Verwendung braucht er nicht aufgetaut zu werden.

✳ Verpackung
Vakuumverpackt lässt sich Kaffee problemlos mehrere Monate lagern, tiefgefroren sogar bis zu einem Jahr.

✳ Verschluss
Kaffee muss stets gut verschlossen bleiben, sonst »raucht« er aus und verliert sein Aroma.

✳ Wasserqualität
Kaffee, der mit weichem Wasser aufgegossen wird, schmeckt aromatischer.

✳ Zubereitung
Kaffee wird immer mit frischem, sprudelnd kochendem Wasser aufgegossen.

KAKAO

✳ Aufbewahren
Kakaopulver muss stets in gut schließenden Gefäßen aufbewahrt werden. Da es die Luftfeuchtigkeit anzieht, würde es sonst rasch Klumpen bilden. Das Pulver stets kühl lagern. Das im Kakaopulver

enthaltene Fett wird nämlich bei Raumtemperatur schnell ranzig, der Kakao schmeckt dann bitter.

✳ In Milch auflösen
Echtes Kakaopulver klumpt, wenn man es mit heißer Milch übergießt. Deshalb besser das Pulver mit Zucker vermischen und in wenig Milch glattrühren. So aufgelöst, kann es mit heißer Milch aufgegossen werden.

MINERALWASSER

✳ Haltbarkeit
Mineralwasser hält sich kühl gelagert in geschlossenen Flaschen einige Monate lang.

✳ Qualität
Billige Mineralwässer sind nicht unbedingt schlechter als teure. Der Griff zu einer bestimmten Marke ist reine Geschmackssache.

✳ Schnell verbrauchen
Sobald die Flasche geöffnet wurde, sollte das Mineralwasser rasch verbraucht werden, da die Kohlensäure nach und nach entweicht. Außerdem nimmt das Wasser recht schnell Geschmacksstoffe aus der Umgebung an.

✳ Trinktemperatur
Der Geschmack von Mineralwasser entfaltet sich ideal bei einer Trinktemperatur von 6 bis 8 °C.

Ob aromatischer Kaffee oder cremige heiße Schokolade – für jede Zubereitung gibt es Kniffe, die das Getränk noch leckerer werden lassen.

Wichtig!

Gemahlener Kaffee verliert sein Aroma schnell. Deshalb immer nur so viel mahlen, wie bald verbraucht wird. Gemahlener Kaffee sollte innerhalb eines Monats verbraucht werden.

Barkeeper's Insidertipps

- Sie vermeiden ständiges Tropfen, wenn Sie den Flaschenhals am oberen Rand ab und zu mit Wachspapier abreiben.
- Kohlensäurehaltige Zutaten, wie Cola oder Tonic, sollten Sie immer zum Schluss in das Glas geben, damit der Sprudeleffekt länger anhält.
- Geben Sie immer zuerst das Eis ins Glas und danach die Flüssigkeiten. Größere Eiswürfel schmelzen langsamer und kühlen somit länger.
- Bei Mixgetränken mit Fruchtsäften, die ohne exakte Maßangaben gemischt werden, sollten Sie den Alkohol immer zum Schluss dazugeben. So können Sie besser dosieren.

MIXGETRÄNKE MIT ALKOHOL

✳ Aperitifs
Sie werden vor dem Essen gereicht. Meist handelt es sich um kleine Mengen, die den Appetit anregen sollen. Als Aperitif kann beispielsweise Sherry, Portwein oder Champagner serviert werden.

✳ Champagnercocktails
Sie passen zu jeder Gelegenheit: nach dem Sonntagsfrühstück, vor und nach dem Essen oder zur Happy hour.

✳ Cocktail für Gäste
Damit das zeitraubende Mixen in Gegenwart der Gäste entfällt, können Sie folgenden Cocktail vorbereiten und im Kühlschrank servierbereit halten: Für acht Portionen je 40 Zentiliter Orangen- und Mangofruchtlikör mit acht Zentiliter Zitronenwodka und 50 Zentiliter Grapefruitsaft mischen. Wenn die Gäste kommen, zerstoßenes Eis in Gläser geben und den Drink darüber gießen. Mit Zitronenmelisse garnieren.

✳ Digestifs
Sie sollen die Verdauung anregen und werden deshalb nach dem

Das ist drin:
Für Planter's Punch mixt man Rum und Fruchtsaft, Piña Colada wird aus Rum, Ananassaft und Kokosnusscreme gemacht. Besonders gut schmeckt der Cocktail, wenn noch Sahne hinzugefügt wird.

Schnell gemacht: Eiskrem in hohe Gläser geben und mit Sekt auffüllen.

COCKTAILS

Schlehengin
für 1 Liter

600g reife Schlehen • 1 l Gin

1/2 Vanilleschote • 225 g feiner Zucker

1. Die Schlehen waschen und trocknen. Mit einer Nadel oder Gabel rundherum einstechen. Die Schlehen mit dem Gin, der Vanilleschote und dem Zucker in ein verschließbares Glas geben.

2. Das Glas gut verschlossen drei Monate an einem warmen Ort stehen lassen und möglichst dreimal täglich schütteln.

3. Dann den Likör durch ein feines Tuch seihen und in sterilisierte Flaschen umfüllen. Dieser Likör kann pur getrunken werden, eignet sich aber auch sehr gut für Mixgetränke. Oder einfach mit Sekt aufgießen – schmeckt herrlich.

Übrigens: Das Aroma wird im Lauf der Zeit noch intensiver.

Daiquiri
für 4 Gläser

Zerstoßenes Eis • 1 EL Zuckersirup

60 ml Limonensaft • 300 ml gekühlter weißer Rum

1. Eis, Zuckersirup, Limonensaft und Rum in einen Shaker geben.

2. Gut schütteln und dann durch ein Sieb in die gekühlten Gläser füllen.

Sekt Sour
für 1 Glas

1 Zuckerwürfel • 2 cl Zitronensaft

eisgekühlter Sekt

zum Garnieren:

1 Orangenscheibe mit unbehandelter Schale

1. Den Würfelzucker in das Sektglas geben und mit dem Zitronensaft übergießen.

2. Das Glas mit Sekt auffüllen und mit der Orangenscheibe garnieren.

Essen gereicht. Als Digestif eignen sich beispielsweise Schnaps, Likör oder süße Cocktails.

✳ Eiskremsoda
Begeistert alle Gäste und ist einfach und ganz schnell herzustellen: Ein oder zwei Kugeln Speiseeis in hohe Gläser geben, mit Sekt oder Prosecco auffüllen, mit Zitronenscheiben oder Minzeblättchen garnieren und sofort servieren.

✳ Longdrinks
So nennt man alle Getränke, die mit viel Flüssigkeit und Eis zubereitet werden, z. B. Gin Tonic, Planter's Punch und Piña Colada.

Grundausstattung für die Bar

Das brauchen Sie als Grundausstattung für Ihre Bar:

1. Die wichtigsten Spirituosen: Whisky, Gin, Wodka, weißer Rum, Brandy

2. Zum Verfeinern: Angustura Bitter, süßer und trockener Wermut, Grenadine, Tabasco, manchmal auch Worcestershiresauce oder Tomatenketchup, Limettensirup.

3. Alkoholfreies: Sodawasser, Tonicwasser, Bitter Lemon, Cola, aber auch Milch. Zudem Fruchtsäfte wie Ananassaft, aber auch Exotisches wie Cream of Coconut oder Maracujasaft.

✳ Sours

Reichen Sie sie am späten Nachmittag. Sie bestehen aus Alkohol (Whisky, Rum, Gin, Wodka, Tequila oder Cognac), und Zitronensaft, der diesen Drinks den Namen und ihr prägendes Aroma gibt.

SEKT UND WEIN

✳ Abgestandener Sekt

Nicht zu lange geöffneter, abgestandener Sekt erhält seine Spritzigkeit zurück, wenn Sie ein paar Rosinen in die Flasche geben.

✳ Heiße Weingetränke

Punsch und Glühwein dürfen niemals aufgekocht werden. Sie sollten immer nur ziehen, sonst verflüchtigt sich der Alkohol.

✳ Holundersekt

Natürlich und spritzig: Nehmen Sie einfach mal beim Spaziergang

*Schaumwein –
Sekt:
Schaumwein ist der
Oberbegriff;
Sekt ist Schaumwein
besonderer Qualität.
Er muss bestimmte
Mindestwerte an
Alkohol und
Kohlensäure
aufweisen und eine
längere Gär- und
Lagerzeit einhalten.*

einige Dolden Holunderblüten mit. Die gewaschenen Dolden legen Sie in ein Glas, füllen es mit Sekt auf und lassen alles eine halbe Stunde ziehen. Geben Sie in jedes Glas Sekt einen guten Schuss von dieser Essenz.

✳ Lagerung

Wein wird am besten liegend aufbewahrt, damit der Korken innen stets von der Flüssigkeit umspült wird und nicht austrocknen kann. Das schützt beide – Wein und Korken – vor allzu schneller Oxidation und den Wein damit auch vor frühzeitigem Altern und Geschmacksverlust. Wird Wein länger gelagert, sollte er im Dunkeln und auf keinen Fall in »geruchsintensiven« Räumen wie etwa der Küche gelagert werden.

Damit sich das Aroma gut entfalten kann, füllen Sie die Gläser nur zu etwa einem Drittel mit Wein. Das ist besonders bei kräftigen Rotweinen wichtig.

Wie viel Fruchtanteil ist in welchem Fruchtgetränk?

Fruchtsaftgetränk	Mischung aus Wasser, Fruchtsäften und Fruchtsaftgemischen. Auch Zucker darf enthalten sein. Es ist unterschiedlich, wie hoch der gesetzlich vorgeschriebene Fruchtsaftanteil in den einzelnen Getränken sein muss: Je nach Fruchtsorte liegt er zwischen 6 und 30 Prozent.
Fruchtsaft	Ob Apfel-, Orangen- oder Traubensaft: Was als »Fruchtsaft« bezeichnet wird, muss den reinen Saft einer Frucht enthalten. Auf der Verpackung finden Sie dann den Hinweis »Fruchtsaftgehalt: 100 Prozent«. Fruchtsäfte dürfen keine Konservierungs- und Farbstoffe oder sonstige chemische Zusätze enthalten. Manchmal finden sich in Fruchtsäften natürliche Trübstoffe; dies ist jedoch kein Qualitätsmangel.
Fruchtnektar	Besteht aus Fruchtsaft und/oder Fruchtmark, Wasser und Zucker. Der Anteil an Fruchtsaft bzw. -mark muss mindestens 50 Prozent betragen; bei besonders säurereichen Früchten darf er auch niedriger sein. Die Fruchtanteile müssen genau auf dem Etikett angegeben sein.
Fruchtsirup	Enthält Fruchtsaft oder Früchte und bis zu 68 Prozent Zucker. Sirup ist sehr süß – man verdünnt ihn zum Trinken mit Wasser oder anderen Getränken.
Limonade	Enthält natürliche Essenzen wie Zitronen-, Apfel- oder Weinsäure, Zucker und natürlich Wasser. Kohlensäure darf ebenfalls zugesetzt werden. Limonaden können auch Fruchtsäfte enthalten; Es ist auch erlaubt, natürliche Farbstoffe zuzusetzen.

Fruchtsaft mit Mineralwasser gemischt ist ein idealer Durstlöscher, der gleichzeitig wertvolle Mineralstoffe und Vitamine liefert.

❋ **Richtig öffnen**
Zuerst die Schmutzkappe abschneiden und den Flaschenhals reinigen, dann den Korken ziehen.

❋ **Sektflaschen leicht öffnen**
So gehts ganz einfach: Will der Korken sich nicht aus der Sekt- oder Champagnerflasche lösen, umspannen Sie den Flaschenhals einige Minuten mit der Hand. Durch die Körperwärme erwärmt sich auch die Luft im Flaschenhals. Sie dehnt sich aus – das verstärkt den Druck auf den Korken, so dass er leichter herauskommt.

Süßer Rand:
Ein Zuckerrand am Cocktailglas ist toll! Dafür den Glasrand mit einer Zitronenscheibe befeuchten, Zucker – oder auch Salz, wenn es zum Drink passt – auf einen Teller geben. Den Rand des Glases hineintauchen.

Die beste Trinktemperatur für Weine

Schaumweine und junge Weißweine schmecken am besten bei 8 bis 10 °C.

Edle Weißweine und leichte Rotweine entfalten sich bei 12 bis 13 °C am besten.

Auslesen und edle Rotweine entwickeln ihr Aroma zwischen 15 und 18 °C ideal.

Bei herben, alten Rotweinen darf die Temperatur 20 °C betragen.

Für Bordeauxweine, Burgunder und auch Südweine ist eine Temperatur von 16 °C optimal.

✳ Zeitpunkt zum Öffnen

Rotwein öffnet man bereits eine Stunde vor dem Einschenken, Weißwein erst unmittelbar davor. Schwere Rotweine sollten Sie sogar schon zwei Stunden vor dem Trinkgenuss öffnen, so kann sich das Aroma besonders gut entwickeln.

TEE

✳ Aufbewahren

Tee wird kühl und dunkel gelagert; es sollte kein Dampf und keine starke Wärme in seiner Nähe sein. Auf dem sonnigen Fensterbrett hat er ebenfalls nichts zu suchen. Tee nicht im Kühlschrank lagern, sonst nimmt er die unterschiedlichen Aromen an. Auch die Feuchtigkeit im Kühlschrank kann sich auf die Teeblätter niederschlagen.

✳ Aufbrühen

Tee darf man nie aufkochen: Immer nur mit kochendem Wasser überbrühen – Aroma und Geschmack gehen sonst verloren. Pro Tasse nimmt man bei großblättrigem Tee einen Teelöffel, bei feinblättrigem einen knappen Teelöffel. Das Wasser sollte bei offenem Deckel mehrmals aufkochen, weil dadurch Chlor und Kalk entweichen. Die Teeblätter sollen im Wasser viel Platz haben, um ihr Aroma entfalten zu können. Geeignet sind große Teesiebe, die in manche Kannen bereits inte-

Die Teekanne sollte man nie mit Spülmittel auswaschen, sondern stets nur mit heißem klarem Wasser. Der Teerand, der sich mit der Zeit bildet, ist zwar unschön, sorgt aber für immer guten Geschmack.

Der richtige Wein zum Essen:
Leichte, trockene Weine passen gut zu Vorspeisen. Zu Fisch und Meeresfrüchten schmecken etwas säurebetonte Weißweine. Zu dunklem Fleisch servieren Sie roten Wein, zu hellem Fleisch trinkt man Weißwein.

Teesorten

Teesorte	Beschaffenheit
Ceylon-Tee	herb-aromatisch, goldfarben, Teeblatt leicht rötlich
Darjeeling-Tee	duftig-blumig, sehr hell, braucht weiches Wasser
Grüner Tee	natürlich-herb, zartgelb, in Asien zum Essen serviert
Nilgiri-Tee	herb-aromatisch, goldgelb, für Mischungen verwendet
Oolong-Tee	zart, oft mit Jasmin parfümiert, aus Taiwan, China, Japan
Schwarzer Tee	volkstümliche Bezeichnung für alle fermentierten Tees
Assam-Tee	kräftig-würzig, dunkel, angenehmer »Nachgeschmack«
Englische Mischung	Basis von Ceylon-Tee, reagiert neutral auf hartes Wasser
Ostfriesische Mischung	vorwiegend Assam-Tee, intensiv im Geschmack, wird mit Sahne und Kandis serviert; gut geeignet für hartes Wasser

Haben Sie sehr kalkhaltiges – also »hartes« – Wasser, verwenden Sie kräftigere Tee-mischungen, oder filtern Sie das Leitungswasser vor dem Teekochen.

griert sind, oder große Papierfilter. Man kann sich aber auch mit zwei Kannen behelfen: In der einen wird der Tee aufgebrüht. Wenn er gut durchgezogen ist, wird der Tee durch ein Sieb in die zweite Kanne gegossen.

✳ Eistee herstellen
Einen halben Liter Wasser zum Kochen bringen und sechs Teelöffel schwarzen Tee damit aufbrühen. Dann 12 Eiswürfel und vier Teelöffel Zuckersirup mit dem heißen Tee auffüllen.

✳ Grünen Tee aufgießen
Er darf nur mit Wasser überbrüht werden, das gekocht und an-schließend auf etwa 80 °C ab-gekühlt worden ist – dieser Prozess dauert bei einem Liter etwa fünf Minuten. Die Teeblätter zuerst mit wenig heißem Wasser überbrühen und dieses sofort abgießen. Dann das restliche Wasser aufgießen und den Tee höchstens drei Minuten ziehen lassen.

✳ Teedosen
In einer Teedose darf nichts anderes als die einmal für ihn ausgewählte Teesorte gelagert werden. Man sollte die Dose auch niemals mit Spülwasser reinigen, denn die Qualität des Tees würde dadurch beeinträchtigt werden, da er sehr schnell andere Aromen annimmt!

Wichtig!
Kräuter- und Früchtetees bewahrt man dunkel und kühl in fest schließenden Dosen auf.

PANNENHILFE VON A BIS Z

Am Abend kommen die Gäste, und jetzt das: Das Essen ist verbrannt, versalzen oder verkocht! Nur keine Panik: Auch wirkliche »Küchenprofis« greifen hin und wieder auf einen Trick zurück, mit dem sie solche kleinen Unfälle ausbügeln können.

Nützliche Tipps und wichtige Informationen für den »Notfall« finden Sie auf den folgenden Seiten.

ANGEBRANNTES

✳ Angebrannte Sauce
Ganz schnell in einen anderen Topf gießen. Dabei den Topfboden nicht abkratzen, damit sich das Angebrannte nicht löst. Die Sauce dann kosten, schmeckt sie zu stark verbrannt, müssen Sie sie leider doch wegschütten.

✳ Angebrannte Gerichte
Es reicht nicht, den Topf nur von der Herdplatte zu ziehen. Um den weiter anhaltenden Kochprozess zu unterbrechen, den Topf in kaltes Wasser stellen. Die unverbrannten Teile vorsichtig, aber zügig umfüllen

Angebrannte Töpfe: Wenn Sie mit dem Messer herumkratzen, beschädigen Sie nur den Topf. Besser weichen Sie den Topf einige Stunden mit Geschirrreiniger ein oder kochen ihn mit Salz- oder Sodawasser aus.

✳ Angebrannter Braten
Die angebrannten Stellen großzügig wegschneiden und den Braten in einem neuen Topf in frischem Fett weiterbraten.

✳ Angebrannter Eintopf
Mit einer Schöpfkelle alles bis auf den Boden in einen anderen Topf

umfüllen. Eventuell etwas Wasser hinzufügen und ein paar geschälte, in Stücke geschnittene Zwiebeln. Sie nehmen dem Eintopf den Geschmack nach Verbranntem.

✳ Angebrannter Kuchen
Dunkle Stellen abschneiden oder mit einer feinen Reibe abraspeln. Den Kuchen großzügig mit Glasur oder Schokolade überziehen.

Mit viel Glasur wird auch ein verbrannter Kuchen durchaus genießbar.

✳ Angebrannte Kartoffeln
Sind die Kartoffeln angebrannt, geben Sie die nicht angebrannten

140

Haltbarkeit von frischen Lebensmitteln

Lebensmittel	Haltbarkeit	So sollten sie gelagert werden
Blattsalate	bis zu 5 Tagen	In feuchtes Zeitungspapier einschlagen und ins Gemüsefach legen.
Frisch geschälte Kartoffeln	bis zu 5 Tagen	In einer Schüssel in kaltem Wasser mit einem Schuss Essig lagern.
Geflügel und Geflügelteile	bis zu 3 Tagen	Zugedeckt im Kühlschrank lagern.
Frische Fische	nicht länger als 1 Tag	Zugedeckt im Kühlschrank lagern.
Frische Fleischstücke	bis zu 4 Tagen	Mit Öl einreiben, dann zugedeckt in einer Porzellan- oder Edelstahlschüssel im Kühlschrank aufbewahren.
Knoblauchknollen	mehrere Wochen	Geschält in Öl einlegen.
Fast alle Käsesorten	bis zu 10 Tagen	Unter die Käseglocke legen, ein Stück Würfelzucker dazu legen.

Kartoffeln in einen neuen Topf. Alles mit Wasser bedecken, salzen und fertigkochen. Aber Vorsicht: Die unterste Schicht mit den angebrannten Kartoffeln lässt sich nicht mehr retten, die müssen Sie sofort wegwerfen.

BRÜHEN

✳ Fette Brühe
Brühe, die zu fett geworden ist, etwas abkühlen lassen und dann die Fettschicht mit etwas Küchenkrepp »absaugen«.

✳ Trübe Brühe
Trübe Brühe wird wieder klar, wenn Sie kurz ein paar Eierschalen mitkochen. Diese natürlich vor dem Servieren wieder entfernen.

EIER

✳ Eier platzen
Das vermeidet man, wenn man sie am stumpfen Ende mit einer Stecknadel einsticht und ins Kochwasser einen Schuss Essig gibt.

✳ Eigelb gerinnt
Das passiert nicht, wenn man es zunächst in einer Tasse mit etwas heißer Flüssigkeit verrührt. Den Saucentopf vom Herd ziehen. Erst dann das verrührte Eigelb in die nicht mehr kochende Sauce geben.

✳ Eier kleben an Verpackung
Die Verpackung einweichen, dann lösen sich die Eier. Versucht man, sie ohne diesen Trick herauszunehmen, zerbrechen sie sicher.

Risse in der Eierschale:
Kleben Sie die Risse mit etwas Tesafilm zu, dann können Sie die Eier noch einige Tage im Kühlschrank aufbewahren. Oder umwickeln Sie das ganze Ei mit Alufolie. So können Sie es kochen, ohne dass es ausläuft.

Mengenbedarf

Auf die richtige Menge kommt es an: Die Gäste sollen satt werden, und Sie möchten keine Reste übrig behalten. Um Fehlkäufen vorzubeugen, hier einige Anhaltspunkte zur richtigen Planung:

Sie benötigen pro Person etwa:

Suppe als Vorspeise	1/4 l
Suppe als Hauptgericht	1/2 l
Fisch als Vorspeise	100 bis 150 g
Fischfilet als Hauptgericht	220 g
Fleisch zum Braten	150 bis 200 g
Fleisch für Gulasch etc.	180 bis 220 g
Sauce	1/10 bis 1/8 l
Gemüse	150 bis 250 g
Kartoffeln	250 bis 300 g
Teigwaren als Hauptgericht	120 bis 150 g
Reis als Hauptgericht	100 bis 120 g
Dörrobst	60 g
Obst für Kompott	200 bis 250 g

✳ Dotter im Eiweiß

Sind Eidotterflecken im Eiweiß, lässt es sich nicht mehr schlagen. Mit einem Tuch, das in kaltes Wasser getaucht wurde, kann man das Eidotter herausfischen. Eiweiß lässt sich besser schlagen, wenn es Zimmertemperatur hat, nicht ganz frisch ist und eine Prise Salz zugegeben wird. Die Quirle müssen absolut fettfrei sein.

> **Wichtig!**
>
> *Zitronensaft hilft, extremen Fischgeschmack zu überdecken.*

✳ Rührei zu fest

Zu festes Rührei lässt sich gehackt noch gut für Salat – z. B. Eiersalat – oder zur Dekoration verwenden. Auch Sandwiches kann man damit noch zubereiten. Dazu einfach das Brot mit Butter bestreichen, das Rührei darauf legen, mit Tomatenscheiben belegen und mit Salz und Pfeffer würzen.

FISCH

✳ Backfisch mit Kruste

Um zu vermeiden, dass der Fisch beim Backen zerfällt und die Kruste klebrig bleibt, geben Sie einfach etwas Salz in das Backfett. Wenn Sie in das Paniermehl noch etwas geriebenen Käse mischen, schmeckt der Fisch aromatischer, und in der Küche riecht es weniger nach Fisch.

✳ Fisch zerfällt beim Kochen

Wenn Ihr Fisch zerfallen ist, lösen Sie die Gräten heraus, zerteilen Sie ihn in kleine Stücke, und servieren

Zu viel Salz an den Matjesfilets? Hier hilft ein Bad in Milch oder Buttermilch.

Sie ihn mit passender Sauce als Frikassee.

✳ Matjesfilets sind zu salzig

Die Filets für mindestens eine Stunde in Mineralwasser, Buttermilch oder Milch einlegen. Die Filets gut trockentupfen. Die Flüssigkeit wegschütten.

FLEISCH

✳ Fleischspieße

Das Fleisch lässt sich nicht richtig aufspießen? Dann reiben Sie die Spieße erst mit etwas Öl ein, dann rutscht das Fleisch besser.

✳ Frikadellen

Die Frikadellen sind vorbereitet – aber es ist kein Ei mehr da! Hackfleischteig kann man auch mit einer geriebenen Kartoffel binden.

Eine rohe, geriebene Kartoffel kann das Ei im Hackfleischteig ersetzen.

✳ Galle platzt beim Geflügel

Waschen Sie das Geflügel gründlich mit heißem Wasser oder in einer rosaroten Lösung von Kaliumpermanganat - dann noch einmal nachspülen.

✳ Zähes Fleisch

Will der Braten nicht weich werden, können Sie ihn durch den Fleischwolf drehen und zu Fleischklößchen oder Haschee verarbeiten. Wenn Sie schon vor dem Braten erkennen, dass das Fleisch zäh ist, reiben Sie es mit Cognac ein oder legen Sie es kurze Zeit in Cognac oder Whisky. Bei zähem Suppenfleisch gießen Sie einfach einen Schuss Essig in das Kochwasser. Einem älteren Suppenhuhn verhilft das Einlegen in Essigwasser zu jugendlicher Frische.

✳ Zäher Braten

Wird der Braten nicht rechtzeitig zart und mürbe, sollte man ihn in Scheiben schneiden und so etwa zehn Minuten mit der Sauce im Bräter garen lassen. So wird das Fleisch im Nu weich.

✳ Grau beim Anbraten

Vielleicht war es zu feucht, oder es war zu viel Fleisch im Topf. Am besten das Fleisch herausnehmen und auf Küchenkrepp abtropfen lassen. Den Topf säubern, Fett erhitzen und das Fleisch in kleineren Portionen erneut anbraten.

Häufig wird Hackfleisch in Papier verpackt. Halten Sie es kurz unter fließendes Wasser, dann können Sie das Papier leicht entfernen.

> *Wichtig!*
>
> *Die meisten Pannen beim Garen von Fleisch können Sie dadurch vermeiden, dass Sie Fleisch aus dem Fachgeschäft verwenden.*

*Fleischzartmacher
hilft, wenn Fleisch
– auch Geflügel
oder Leber – hart
werden.*

Was für den Notfall immer zur Hand sein sollte

- getrocknete Zwiebeln
- geriebener Parmesan
- Vanillepudding-Pulver
- Fertige Sauce Hollandaise
- Fertige Béchamel-Sauce
- zwei Dosen geschälte Tomaten
- ein Glas Fleischzartmacher
- eine Flasche Zitronensaft
- eine Packung Kartoffelpüree
- eine große Dose halbierte Birnen oder Pfirsiche, ungezuckert
- zwei Päckchen Tiefkühlkrabben
- eine Dose Sojasprossen oder ein Paket Tiefkühl-Chinagemüse
- eine Flasche Chilisoja nach Thai-Art für Huhn

- ein Päckchen Croutons
- getrocknete Pilze
- getrocknete chinesische Morcheln
- ein Päckchen Gelatine (neutral)
- eine Flasche guter Sherry
- eine Flasche Amaretto oder Orangenlikör
- ein Becher H-Sahne
- ein Becher H-Sauerrahm
- ein Liter H-Milch
- je ein Glas Kalbs-, Geflügelfond
- ein Glas gekörnte Hühnerbrühe oder Brühwürfel
- eine Packung chinesische Instantnudeln
- ein Fläschchen Trüffelöl

GEMÜSE, SALAT UND KRÄUTER

✳ Avocados sind noch hart

Sie reifen rasch nach, wenn man sie ein bis zwei Tage in Papier gewickelt bei Zimmertemperatur aufbewahrt.

*Avocadofleisch
fachgerecht
herauslösen:*
*Die Frucht rundum
längs bis zum Kern
einschneiden, die
Hälften auseinander-
klappen und den
Kern herausheben.
Das Fruchtfleisch
mit einem Esslöffel
aus der Schale lösen.*

✳ Chicorée schmeckt bitter

Der innen liegende, etwas dunklere Keil muss herausgeschnitten werden. Ihm verdankt der Chicorée seinen bitteren Geschmack.

✳ Kräuter bleiben frisch

Die beste Methode, die Farbe frischer Kräuter und auch ihren Geschmack zu erhalten, ist folgende:

Die von den Stielen gezupften Blättchen mit etwa der dreifachen Gewichtsmenge Butter im Mixer pürieren und einfrieren. Oder: Die gewaschenen Kräuter in einen Plastikbeutel geben, in dem sie viel Platz haben, den Beutel aufblasen und gut verschließen. So »konserviert« halten sie sich einige Tage.

✳ Rotkohl

Damit er nicht blass wird, dem Kochwasser ein paar Tropfen Essig zufügen.

✳ Salat ist welk

Wollen Sie den Salat noch verwenden, legen Sie ihn in Eiswasser, dem Sie etwas Essig hinzufügen (dazu können Sie beispielsweise das Spülbecken mit Wasser füllen und Essig sowie Eiswürfel hinzufügen). Den abgetropften Salat müssen Sie danach noch für mindestens eine halbe Stunde in den Kühlschrank legen.

✳ Versalzener Rotkohl

Dem Kohl einen klein geschnittenen geschälten Äpfel oder eine roh geriebene geschälte Kartoffel zugeben, dann schmeckt er wieder viel besser.

✳ Welke Petersilie

Welk gewordene Petersilie legen Sie in lauwarmes Wasser, so wird sie wieder frischer.

✳ Welker Chicorée

Welk gewordener Chicorée wird wieder schön fest, wenn er für kurze Zeit in Eiswasser gelegt wird.

✳ Welkes Blattgemüse

Welkes Blattgemüse wird wieder frisch, wenn Sie es erst 1/4 Stunde in lauwarmes Wasser, und anschließend noch 1/4 Stunde in kaltes Wasser legen. Eine andere Möglichkeit, Salat aufzufrischen: Waschen Sie den welken Salat mit Zuckerwasser.

✳ Welkes Gemüse

Kurze Zeit in Natronwasser einweichen, das frischt welkes Gemüse wieder auf.

✳ Zwiebeln schneiden ohne Tränen

Legen Sie die geschälte Zwiebel kurz in kaltes Wasser, bevor Sie beginnen, sie zu zerkleinern. Etwas Hartes zu kauen, z. B. ein Stück trockenes Brot, hilft auch kurzfristig gegen die Tränen beim Zwiebelschneiden.

Gemüse behält seine Farbe, wenn dem Kochwasser etwas Backpulver zugegeben wird (zwei bis drei Messerspitzen pro Liter Wasser). Alle Gemüse wie Erbsen, Brokkoli, Bohnen oder Möhren behalten so ihre frische Farbe.

Welken Salat und welkes Blattgemüse frischen Sie wieder auf, indem Sie sie jeweils 1/4 Stunde in lauwarmes Wasser, dann in kaltes Wasser legen.

Frühlingsrollen platzen beim Frittieren nicht auf, wenn die Teigränder vor dem Verschließen mit einer festen Masse aus Mehl und Wasser bestrichen werden.

Wichtig!

Zwiebeln immer separat, am besten an einem kühlen, trockenen Ort aufbewahren, da ihr intensives Aroma leicht von anderen Lebensmitteln aufgenommen wird.

GETRÄNKE

❋ Gärender Rumtopf

Die Früchte nicht gleich wegwerfen. Kochen Sie sie einige Minuten auf, dann lassen sich die Rumtopffrüchte noch für Desserts oder Tortenfüllungen verwenden. Große Mengen können Sie nach dem Kochen auch portionsweise einfrieren.

❋ Zu dünner Kaffee

Haben Sie den Kaffee zu dünn gebrüht, geben Sie einfach zusätzlich etwas löslichen Instantkaffee in die Kanne.

❋ Zu starker Kaffee

Er wird durch die Zugabe von heißem Kakao wieder bekömmlich.

KÄSE

❋ Alter Käse

Alt gewordenen Käse können Sie einige Zeit in frische Milch einlegen, so wird er wieder weich und schmackhaft.

❋ Käsefondue zu dünnflüssig

Ist das Käsefondue zu dünnflüssig geraten, einfach noch etwas gut schmelzenden Käse hineinreiben.

❋ Klumpiges Käsefondue

Einen Schuss guten Weinessig unterrühren, und die Käsefonduemasse wird wieder glatt.

❋ Geronnenes Käsefondue

Werden ein bis zwei Teelöffel Zitronensaft zugegeben und die Masse kräftig gerührt, wird das Fondue wieder glatt und sämig.

KARTOFFELN

❋ Bratkartoffeln sind lasch

Wie werden Bratkartoffeln schön knusprig? Die geschnittenen Pellkartoffeln mit etwas Mehl bestäuben, dann in heißem Fett anbraten. So bekommen sie eine appetitliche Kruste.

❋ Dünnflüssiger Kartoffelbrei

Rühren Sie esslöffelweise zusätzlich Püreepulver oder Trockenmilchpulver unter, und schlagen Sie das Ganze mit dem Schneebesen kräftig durch.

❋ Erfrorene Kartoffeln

Die Knollen werden genießbar, wenn Sie dem Kochwasser eine Hand voll Salz zugeben.

❋ Kartoffelpuffer

Damit sie nicht in der Pfanne kleben bleiben, muss diese ganz sauber und glatt und das Fett richtig heiß sein. Außerdem darf die Kartoffelmasse nicht zu flüssig sein.

❋ Kartoffelpüree

Bröckliges Püree kann verhindert werden: Die geriebenen Kartoffeln mit angewärmter Milch schlagen.

146

✳ Pellkartoffeln

Wenn sie sich nicht abziehen lassen, nach dem Kochen kurz in kaltem Wasser abschrecken – so lassen sie sich leichter pellen.

✳ Schwarze Flecken an Kartoffeln

Die hässlichen Flecken verschwinden, wenn man dem Kochwasser Essig zugibt. Keine Angst: Den Essiggeschmack nehmen die Kartoffeln dabei nicht an.

✳ Zu dunkles Kartoffelgratin

Die oberste Schicht des Gratins vorsichtig entfernen, erneut mit einer Mischung aus Sahne und verquirlten Eiern im Verhältnis 1:1 begießen und nochmals backen. Eventuell mit Butterbrotpapier abdecken, damit es nicht wieder zu braun wird.

✳ Zu flüssiges Kartoffelpüree

Etwas Püreepulver unterschlagen, dadurch wird der Kartoffelbrei wieder fester.

KLÖSSCHEN, KNÖDEL & CO.

✳ Kartoffelknödel

Wenn die Knödel im Kochwasser nicht nach oben steigen, den Topf hin- und herbewegen, damit sich eventuell festhängende Klöße lösen. Oder einen Kochlöffel vorsichtig durch die Knödel bewegen.

✳ Zu feste Grießklöße

Die Klöße aus der Brühe nehmen und für zehn Minuten in kaltes Wasser legen. Werden sie danach nochmals in der heißen Suppe aufgekocht, quellen sie stark genug und werden schön locker.

KUCHEN, BROT, GEBÄCK UND FÜLLUNGEN

✳ Backblech fehlt

Ersatzweise können Springformböden genommen werden. Oder man legt mit Butter bepinselte Alufolie oder Backpapier um den Rost. Das ist ein idealer Blechersatz.

✳ Baiser

Das Baiser lässt sich besonders gut mit einem Messer schneiden, das man zuvor in sehr kaltes Wasser getaucht hat.

So wird ein etwas zu trocken geratener Kuchen schön saftig: Den Kuchen mit einer dicken Nadel mehrmals einstechen und mit Weinbrand, Likör, Rum, Kokossirup oder Fruchtsaft tränken.

Auseinander gefallene Baiser ergeben noch ein köstliches Dessert: Die Brösel ringförmig in eine Schüssel füllen, in die Mitte frische Früchte geben und alles mit Schlagsahne bedecken.

Wichtig!
Kartoffelpüree-Flocken strecken auch Gemüsegerichte, wenn man zu wenig vorbereitet hat.

Mit Hilfe von Tiefkühlkost ist heute schnelles Improvisieren in der Küche möglich. Achten Sie darauf, dass Sie keine beschädigten Verpackungen kaufen. Auch Ware mit weißen Flecken oder bräunlichen Verfärbungen besser liegen lassen.

Was tun, wenn...

... Gäste zu spät kommen

- Planen Sie das Menü so, dass nichts passieren kann.
- Ein Salat als Vorspeise kann durchaus eine halbe Stunde länger ziehen, einem Auflauf- oder Backofengericht schadet es nicht, wenn es länger als vorgegeben im Backofen bleibt. Falls es braun zu werden droht, decken Sie es mit Pergamentpapier oder Alufolie ab.
- Servieren Sie sich und Ihren pünktlichen Gästen einen Aperitif und ärgern Sie sich nicht.

... zusätzliche Gäste mitgebracht werden

- Viele Suppen lassen sich mit einem Fond aus dem Vorrat oder passierten Tomaten, mit eingerührtem Kartoffelpüree oder notfalls auch dem Inhalt einer Büchse Gemüse gut verlängern, ohne dass der Geschmack leidet.
- Saucen können ebenfalls gut verlängert werden, mit Sahne, Wein oder Gemüsebrühe.
- Reicht die Kartoffelbeilage nicht, ist eine große Extraportion Nudeln schnell gekocht.

✳ Biskuit reißt

Wenn der Teig beim Aufrollen reißt, lässt sich daraus noch ein köstliches Dessert zubereiten. Den Bisquit dafür in Stücke schneiden, mit geschlagener Sahne und Früchten schichtweise in Dessertschalen anrichten, durchziehen lassen und servieren.

Torte anschneiden: Mit einem Messer, das Sie in heißes Wasser getaucht haben, bekommen Sie glatte Schnittflächen.

✳ Brot oder Brötchen

Sind die Backwaren zu alt geworden, können sie folgendermaßen gerettet werden: Mit kaltem Wasser bepinseln, für zehn Minuten in den auf 180 °C vorgeheizten Backofen geben und auf das Blech eine Tasse mit warmem Wasser stellen. So werden Brot oder Brötchen wieder ganz knusprig.

✳ Brotteig

Lässt sich Brotteig schlecht formen, hat er meist nicht lange genug geruht. Das Mehl muss quellen können.

✳ Gelatine

Gelatine sollte man nicht schmecken. Das verhindert man, indem man dem Einweichwasser frischen Zitronensaft hinzufügt. Dadurch bekommen Desserts auch ein zartes Zitronenaroma.

❋ Geronnene Buttercreme

Einfach etwa 20 Gramm Butter schmelzen und möglichst schnell unter die Buttercreme rühren. So lange rühren, bis die Creme glatt ist. Oder: Die Schüssel auf einen Topf mit siedendem Wasser bzw. in ein Wasserbad stellen und die Creme über dem Wasserbad so lange schlagen, bis sie glatt ist.

❋ Glasur ist zu dünn

Ist die Glasur zu dünn geworden, lässt sie sich ganz einfach mit ein wenig zusätzlichem Zucker andicken, der rasch und kräftig hineingeschlagen wird.

❋ Hefeteig geht nicht auf

Meistens liegt es an fehlender Wärme. Den Teig deshalb in der abgedeckten Schüssel in den auf 30 bis maximal 50 °C vorgeheizten Backofen geben. Die Zeiten für das Aufgehen des Hefeteigs werden oft auch zu knapp angegeben. Es dauert mindestens eine halbe Stunde.

Hefeteig geht besser auf, wenn er in den ganz schwach vorgeheizten und dann ausgeschalteten Backofen gestellt wird.

❋ Käsekuchen platzt

Statt Quark können Sie Schichtkäse verwenden, dann reißt der Kuchen nicht. Außerdem sollte der Kuchen nicht in den vorgeheizten Ofen geschoben werden. Ansonsten bildet sich schnell eine Oberflächenkruste, die rasch reißt, wenn der Kuchen von innen gart.

❋ Kein Spritzbeutel für Windbeutel

Sie lassen sich auch mit zwei Teelöffeln von der Teigmasse abstechen und auf das Blech setzen.

❋ Kräcker sind nicht knusprig

Lasche Kräcker auf ein Backblech legen und bei 180 °C zwei bis drei Minuten aufbacken.

❋ Kuchen löst sich nicht aus der Form

Den frisch gebackenen Kuchen auf keinen Fall mit dem Messer zu lösen versuchen, sondern noch ein paar Minuten in der Form auskühlen lassen. Auch möglich: Ein feuchtes Küchentuch über die Form oder unter das Blech legen und eine Weile wirken lassen.

❋ Kuvertüre glänzt nicht

Die Kuvertüre muss im Wasserbad erwärmt werden. Dann wieder abkühlen, bis sie fast wieder erstarrt ist, und dann noch einmal erwärmen. Danach glänzt die Kuvertüre schön.

Lässt sich der Kuchen nicht aus der Form nehmen, hilft ein feuchtes Handtuch: Einfach um die Form wickeln und einige Minuten warten.

> *Wichtig!*
>
> *Schnelles Gebäck lässt sich mit Tiefkühlblätterteig zaubern – davon sollten Sie immer eine Packung im Kühlfach haben. Darauf achten, dass Sie die Blätterteigscheiben zum Auftauen stets nebeneinander legen.*

Der Rührkuchen ist zu trocken geworden? Sie müssen ihn nicht wegwerfen: Schneiden Sie den Kuchen in Stückchen, und mischen Sie diese mit Früchten und geschlagener Sahne oder Quark. So können Sie den Kuchen noch als feines Dessert reichen.

Hilfe gegen schlechte Luft:
Hängt der Geruch von Sauerkraut, Kohl oder Verbranntem in der Küche, verbannen Sie ihn, indem Sie Nelken- oder Zimtöl mit Wasser kochen. Dabei entsteht ein angenehmer Duft, der andere Gerüche überdeckt. Etwas Kaffeepulver, auf die heiße Herdplatte gestreut, erfüllt denselben Zweck.

✳ Plätzchen zerlaufen beim Backen

Wahrscheinlich enthält der Plätzchenteig zu wenig Mehl. Unbedingt vorab ein Probeplätzchen backen. Wenn es zerläuft, kann man noch leicht dem restlichen Teig etwas Mehl hinzufügen.

✳ Sandkuchenteig geronnen

Haben die Fett-Zucker-Creme und die Eier nicht die gleiche Temperatur, kann der Teig für den Sandkuchen gerinnen. Stellen Sie in diesem Fall die Teigschüssel in ein warmes Wasserbad, und rühren Sie den Teig dabei glatt. Sie können stattdessen auch zwei Esslöffel Mehl unter den Teig rühren – auch das kann die Struktur verbessern.

✳ Teig klebt am Nudelholz

Zwischen Teig und Teigroller ein Stück Butterbrotpapier oder Klarsichtfolie legen, dann klebt der Teig nicht mehr an und man spart obendrein noch zusätzliches Mehl. Oder: Das Nudelholz kurz in das Tiefkühlgerät legen, bis es richtig kalt ist.

✳ Tortenboden weicht durch

Den Tortenboden mit einer feuchtigkeitsbindenden Schicht – etwa Gelees oder flüssige Kuvertüre – bestreichen. Die Früchte, mit denen der Kuchen belegt werden soll, gut abtropfen lassen. Das gilt besonders für Dosenfrüchte.

✳ Zu dicke Glasur

Einfach zusätzlich etwas ungeschlagene Sahne oder warmes Wasser unter die Glasur rühren. Auch ein wenig Zitronensaft kann helfen.

✳ Zu trockener Kuchen

Den Kuchen mit einer dicken Nadel mehrmals einstechen und in die entstandenen feinen Löcher etwas Weinbrand, Likör, Rum, Kokossirup oder Fruchtsaft füllen.

KÜCHENGERUCH

✳ Fischgeruch

Unangenehmer Geruch an den Händen lässt sich mit Zitronensaft beseitigen. Wichtig ist auch, dass Sie sich die Hände zuerst immer mit kaltem Wasser waschen. Warmes Wasser bindet nämlich den Geruch zusätzlich.

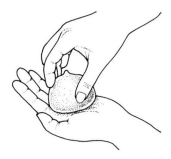

Riechen die Hände unangenehm – z. B. nach Fisch – reiben Sie Ihre Handflächen mit einer halben Zitrone ab: Der schlechte Geruch verschwindet sofort.

✻ Küchengeruch
Hartnäckiger Küchendunst lässt sich durch Wacholderbeeren oder Nelken beseitigen, die in einer kleinen Pfanne erhitzt werden. Der aufsteigende Duft dieser Gewürze vertreibt den Geruch erfolgreich. Oder erhitzen Sie einige Orangenschalen im Backofen bei 175 °C.

✻ Kunststoffbehälter
Wenn Behälter unangenehm riechen, stellen Sie sie einige Stunden in die Tiefkühltruhe oder in die Sonne, das vertreibt sogar anhaltenden Geruch. Oder legen Sie ein Stück Zitrone in das Gefäß, schließen Sie es, und lassen Sie es einige Tage stehen.

✻ Brotdose
Riecht die Brotdose streng, legen Sie ein Stück Brot, das Sie in Essig getaucht haben, in die Dose. Schließen Sie sie, und lassen Sie den Essig über Nacht einwirken.

MAYONNAISE

✻ Mayonnaise gerinnt
Die verunglückte Mayonnaise wird ganz bestimmt wieder glatt, wenn Sie in einer zweiten Schüssel ein weiteres Eigelb mit Zitronensaft, Salz und Senf verrühren und es dann nach und nach kräftig unter die geronnene Mayonnaise schlagen.

MILCH, BUTTER UND SAHNE

✻ Angesäuerte Milch
Milch mit einem leichten Stich können Sie nach dem Aufkochen mit Natron noch gut verwenden.

✻ Geronnene Schlagsahne
Die Sahne lässt sich wieder schlagen, wenn Sie etwas kalte, ungekochte Milch zugeben.

✻ Harte Butter
So haben Sie harte Butter rasch verbrauchsfertig: Die Butter entweder auf einer Reibe raspeln oder eine erwärmte Schüssel umgedreht über die Butter stellen. Wenn Sie eine Mikrowelle haben, können Sie die Butter auch darin zehn Sekunden bei mittlerer Leistung erwärmen und dann abkühlen lassen.

Benötigen Sie für ein Rezept rasch Butter, diese ist aber völlig hart, gibt es mehrere Möglichkeiten, sie rasch weich zu bekommen: Sie können sie z. B. raspeln.

Legen Sie harte Butter zwischen zwei Teller, die mit heißem Wasser ausgespült wurden. So wird die Butter schnell streich- oder verarbeitungsfähig.

> *Wichtig!*
>
> ***Wenn sich Schraubdeckel von Gläsern nicht öffnen lassen, übergießen Sie sie mit heißem Wasser. Oder Sie umwickeln den Deckel mit einem angefeuchteten Küchentuch – das gibt Ihrer Hand mehr Halt. Es kann auch helfen, das Glas zu kippen und mehrmals auf den Boden zu klopfen.***

NUDELN, REIS UND KORN

✴ Nudeln verbinden sich nicht mit der Sauce

Wahrscheinlich haben Sie die Nudeln kalt abgeschreckt. Dadurch wird aber die Stärke abgespült, die zur guten Verbindung von Sauce und Pasta beiträgt.

✴ Nudeln zerkocht

Haben Sie Nudeln zu lange kochen lassen, können Sie sie immer noch als Suppeneinlage nehmen. Eine weitere Verwendungsmöglichkeit: Gießen Sie das Kochwasser ab, rühren Sie Eigelb unter die Nudeln, und braten Sie alles in der Pfanne. Schließlich nach Geschmack würzen.

✴ Verkochter Reis

Den Reis kalt abspülen und abtropfen lassen. Inzwischen ein Blech mit Backpapier auslegen und den gut abgetropften Reis darauf ausbreiten. In der Ofenmitte etwa eine halbe Stunde bei mittlerer Hitze trocknen, auf diese Art wird der Reis schön körnig.

Vanillepudding-
Pulver:
Als Sauce rettet
Vanillepudding viele
Desserts und verbes-
sert misslungene
Kuchen und
Tortenfüllungen.

OBST UND NÜSSE

✴ Äpfel

Sie werden nicht braun, wenn sie nach dem Schälen sofort mit Zitronensaft begossen werden.

✴ Kokosnüsse öffnen

Die Nüsse lassen sich leichter öffnen, wenn sie im Backofen bei 150 °C etwa 20 Minuten lang erwärmt werden. Ein Schlag mit dem Hammer sollte die Schale dann zum Platzen bringen.

✴ Mehlige Äpfel

Sie müssen mehlige Äpfel nicht wegwerfen: Man kann noch gut Apfelmus daraus kochen.

✴ Der Nußknacker fehlt

Sie können die Nüsse mit Küchenkrepp einwickeln und mit einem Hammer oder Nudelholz aufschlagen. Nüsse lassen sich übrigens leichter knacken, wenn man sie vorher zwei Minuten in einer zugedeckten Glasschüssel in etwas Wasser im Mikrowellenherd erhitzt. Dann das Wasser abgießen, die Nüsse abkühlen lassen und die Schalen knacken.

✴ Orangen schwer schälbar

Orangen, die sich schwer schälen lassen, mit der Hand auf der Arbeitsfläche hin- und herrollen, dann geht es leichter. Oder mit kochendem Wasser übergießen und fünf Minuten darin liegen lassen.

✴ Pfirsiche

Pfirsiche, die sich schwer schälen lassen, wie Tomaten mit kochendem Wassser überbrühen, kurz ziehen lassen, mit kaltem Wasser abschrecken, und die Haut lässt sich ganz leicht abziehen.

❋ Rosinen
Sie sinken nicht auf den Teigboden, wenn sie vor dem Einrühren in Mehl gewälzt werden.

SÜSSSPEISEN UND EIS

❋ Eis ist zu hart
Nehmen Sie das Eis rechtzeitig aus der Gefriertruhe, dann können Sie es gut mit einem Löffel aus der Packung nehmen.

❋ Eisparfait lässt sich nicht stürzen
Die Form kurz in heißes Wasser stellen, dann geht es ganz leicht.

❋ Grießpudding ist zu fest
Den Pudding etwas zerteilen. Eiweiß ganz steif schlagen und unter den Grieß heben.

Um den Geschmack des Essens nicht zu verschlechtern, sollten Sie Reste in einem Wasserbad aufwärmen.

❋ Mousse au Chocolat ist zu weich
Rühren Sie einen Esslöffel flüssige Butter unter. Wenn die Zeit reicht, können Sie die Mousse auch einen Tag lang im Kühlschrank stehen lassen.

❋ Pudding brennt an
Unbedingt sofort umrühren. Es ist dabei wichtig, dass alle Topfränder erreicht werden. Das gelingt leicht mit einem speziellen Topfbesen.

❋ Pudding ist zu dünn
Rühren Sie zusätzliches Puddingpulver mit kalter Milch an. Bringen Sie die zu dünn geratene Puddingmasse wieder zum Kochen, und rühren Sie das frisch angerührte Pulver mit einem Schneebesen hinein. Alles unter ständigem Rühren vier bis fünf Minuten köcheln lassen.

❋ Pudding wird nicht fest
Einige Blatt Gelatine einweichen, mit heißem Wasser auflösen und mit der Puddingmasse verrühren. Kalt stellen.

SUPPEN, EINTÖPFE UND SAUCEN

❋ Fertige Béchamel-Sauce
Sie ist ideal zum Überbacken verunglückter Gemüse und kaschiert auch missglückte Panaden.

Wenn Sekt überschäumt, einfach sofort den Stiel eines Löffels in den Flaschenhals stecken, dann hört das Überschäumen auf.

> *Wichtig!*
>
> *Luftige Aufläufe fallen nicht zusammen, wenn man während der gesamten Backzeit den Ofen geschlossen hält.*

153

❋ Fertige Sauce hollandaise

Sie passt zu Fisch, Fleisch und Gemüse und kaschiert so einiges. Mit einer Prise Estragon wird sie zur Sauce béarnaise. Etwas Tomatenmark macht sie zur »Sauce Choron«. Erwärmt, mit einem Esslöffel Orangenschale und zwei Esslöffeln Orangensaft, verwandelt sie sich in die exotische Malteser Sauce.

❋ Geronnene Sauce hollandaise

Rühren Sie ein paar zerkleinerte Eiswürfel unter, und die Sauce wird wieder glatt. Oder: Geben Sie zwei Esslöffel kochendes Wasser dazu, und schlagen Sie die Sauce mit einem Rührbesen auf, bis sie glatt ist. Oder: Stellen Sie den Topf in eine Schüssel mit Eiswasser. Schlagen Sie die Sauce auf. Dann im Wasserbad unter ständigem Rühren vorsichtig wieder erhitzen.

Einige Eiswürfel bringen Ihre Sauce hollandaise rasch wieder »in Form«: Das Eis einfach zügig unterrühren.

❋ Klumpige Sauce

Klumpige Saucen werden glatt, wenn man sie durch ein Haarsieb streicht.

❋ Versalzener Eintopf

Süße Sahne, etwas Zucker oder geschälte Dosentomaten zugeben, das kann ihn retten.

❋ Zu dünner Eintopf, zu dünne Suppe

Einfach mit fertigem Kartoffelpüreepulver andicken oder eine gekochte Kartoffel zerdrücken und untermischen.

❋ Zu fette Sauce oder Suppe

Geben Sie etwas Natron dazu. Wenn Sie genügend Zeit haben, lassen Sie das Fett auf der Oberfläche der Suppe im Kühlschrank erstarren und heben es dann ab.

TOMATENKETCHUP UND WÜRZSAUCEN

❋ Ketchup sitzt fest

Ketchup lässt sich nicht aus der Flasche schütten? Einen Strohhalm ganz in die Flasche stecken. So kommt Luft in die Flasche, und das Ketchup lässt sich gießen.

❋ Senf ist eingetrocknet

Mit einem Spritzer Essig, einem Teelöffel Öl und einer Prise Zucker kann er durchgerührt und wieder verwendet werden.

Wichtig!

Sind Speisen versalzen, hilft es, die Flüssigkeitsmenge zu erhöhen: Also nach und nach Milch, Sahne, Brühe oder Wasser zugeben. Achten Sie jedoch darauf, dass Saucen und Suppen dadurch nicht allzu dünn werden. Falls es doch passiert, dicken Sie sie mit etwas Speisestärke wieder ein.

✴ Tomatenmark wird bitter

Das können Sie vermeiden, indem Sie das Tomatenmark aus der angebrochenen Tube oder Dose in ein kleines Glasgefäß umfüllen.

VERSALZENES

✴ Versalzene Fleischbrühe

Wenn die Brühe zu scharf wurde, reiben Sie eine Kartoffel oder eine Karotte ein, und kochen Sie alles noch einmal auf.

✴ Versalzenes Gemüse

Wenn Sie Gemüse in zu salzigem Wasser gekocht haben, können Sie es noch retten: Herausnehmen, in frisches, kochendes Wasser geben – beispielsweise in einem Einsatzkorb – und für eine Minute mitkochen.

✴ Versalzene Speisen

Geben Sie einem versalzenen Gericht frische Kräuter zu. Das frische Aroma der Kräuter wird vom Salz ablenken.

✴ Versalzene Suppe

Setzen Sie der Suppe noch etwas Wasser zu, oder verquirlen Sie ein Ei darin. Das geronnene Eiweiß holen Sie heraus, es hat zumindest den größten Teil des Salzes aufgenommen. Reiben Sie in versalzene gebundene Suppen oder Eintopfgerichte zusätzlich noch eine rohe, geschälte Kartoffel.

ZUCKER UND HONIG

✴ Honig ist fest geworden

Honig wird fest, wenn sich der Zucker aus der Masse herauskristallisiert. Dagegen hilft im Handumdrehen folgender Trick: Das Honigglas in einen Topf mit heißem Wasser stellen. Der Zucker wird auf diese Weise wieder flüssig, und der Honig ist aufs Neue verwendungsfähig.

Ganz ohne Salz schmeckt fast alles fade – geben Sie es trotzdem nicht zu reichlich zu: Zu viel Salz ist nicht gesund, und schnell ist eine Speise versalzen.

Zwiebeln – die Alleskönner: Getrocknete Zwiebeln sind ideal zum Strecken von Suppen und Eintöpfen. Sie geben außerdem fadem Gemüse das gewisse Etwas. Gemischt mit Cornflakes oder Kartoffelchips sind sie eine tolle Kruste für Aufläufe. Und getrocknete Zwiebeln »retten« selbst langweilige Schnittchen.

REGISTER

Haftung
Autorin und Verlag bemühen sich
um zuverlässige Informationen. Fehler
und Unstimmigkeiten sind jedoch
nicht auszuschließen. Eine Garantie
für die Richtigkeit der Angaben kann
deshalb nicht gegeben werden. Eine
Haftung für Schäden und Unfälle
wird aus keinem Rechtsgrund über-
nommen.

Impressum
© 1998 W. Ludwig Buchverlag GmbH
in der Verlagshaus Goethestraße
GmbH & Co. KG, München

Alle Rechte vorbehalten.
Nachdruck – auch auszugsweise –
nur mit Genehmigung des Verlages

Redaktion:
Cornelia Klaeger, Petra Casparek,
Christiane Daxer, Ina Raki

Projektleitung:
Sylvia Wohofsky

Redaktionsleitung:
Nina Andres

DTP-Produktion:
Ludger Vorfeld, Christiane Daxer

Umschlag und Layout:
Manuela Hutschenreiter

Illustrationen:
Marlene Gemke
Roger Kausch

Produktion:
Manfred Metzger

Druck und Verarbeitung:
Westermann Druck Zwickau GmbH

Printed in Germany

Gedruckt auf chlor-
und säurearmem Papier.

ISBN 3-7787-3707-4